1

10²⁵ **mètres**
1 milliard d'années lumière

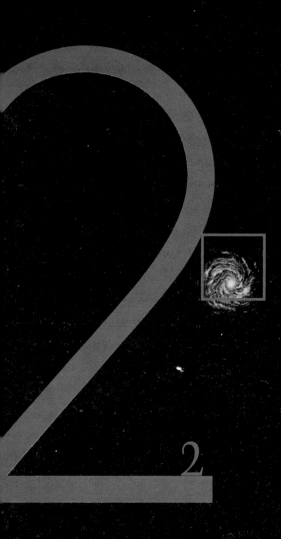

10 ²² **mètres**
1 million d'années lumière

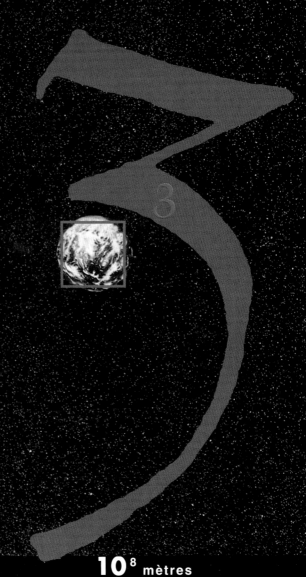

10⁸ **mètres**
100 mille kilomètres

10⁵ **mètres**
100 kilomètres

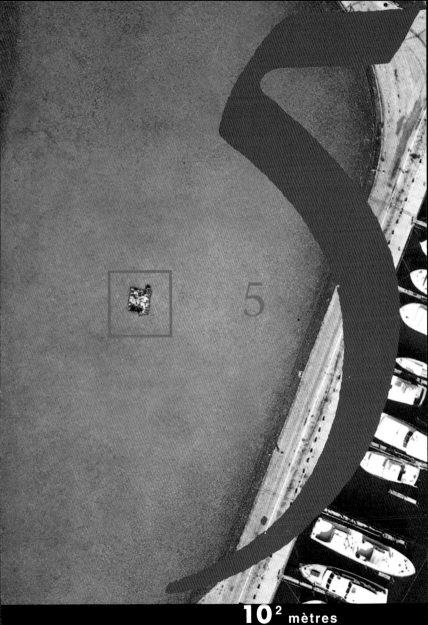

5

6

10⁰ mètres

1 mètre

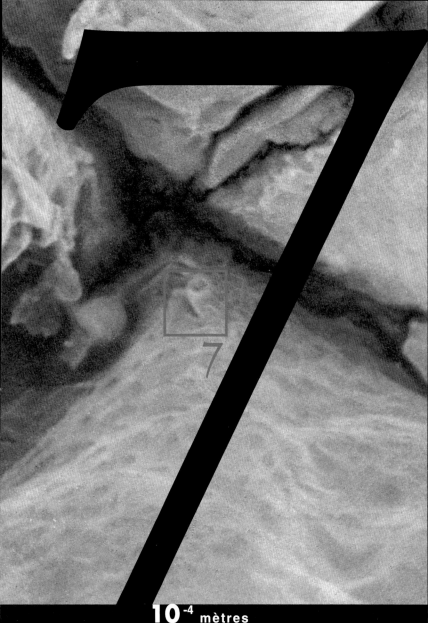

10⁻⁴ mètres

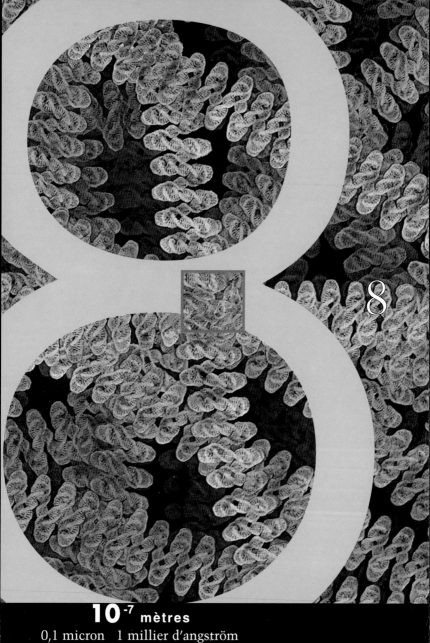

10⁻⁷ **mètres**

0,1 micron   1 millier d'angström

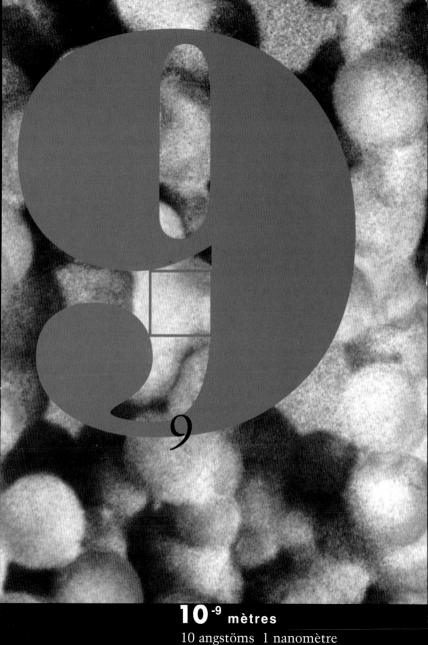

9

10-9 mètres

10 angstöms 1 nanomètre

Denis Guedj est professeur d'histoire des sciences à l'université Paris-VIII, où il a enseigné les mathématiques et le cinéma. Ecrivain et cinéaste, il a publié *La Méridienne* (Seghers, 1987) et *La Révolution des savants* (Découvertes Gallimard, 1989), signé de nombreux scénarios de fiction mettant en scène certains moments de l'histoire des sciences : *Le Puits du savoir* (Eratosthène et la mesure de la Terre), *Bagdad après* (La naissance de l'algèbre et celle du zéro) et, notamment, en collaboration avec Michel Authier, *Les Larmes de Marcellus* (Archimède).

1er dépôt légal : novembre 1996
Dépôt légal : avril 1999
Numéro d'édition : 91091
ISBN : 2-07-053373-5
Imprimé en Italie par Editoriale Lloyd

L'EMPIRE DES NOMBRES

Denis Guedj

DÉCOUVERTES GALLIMARD
SCIENCES

L'humanité a mis des millénaires pour passer de la quantité aux nombres. L'idée de nombre, qui nous paraît si évidente, est l'aboutissement d'un long travail d'abstraction de la pensée. Comment «faire nombre»? En ne voyant dans chaque objet qu'une unité et rien d'autre. En prenant «en compte» l'existence singulière des choses, tout en rejetant leurs différences particulières.

CHAPITRE PREMIER
EXPRIMER LA QUANTITÉ

«Si tu sais que c'est là une main, alors nous t'accordons tout le reste.»
Ludwig Wittgenstein,
De la certitude

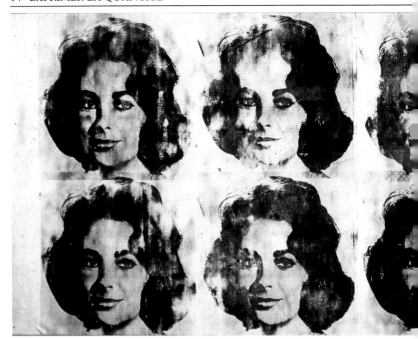

L'idée de nombre : les mêmes et pas le même

L'absolue originalité du regard que le nombre porte sur le monde est, qu'à ses yeux, tous les objets sont «les mêmes», mais ils ne sont pas le même.
Le nombre, en effet, joue sur deux tableaux :
le semblable et le différent. Les choses que l'on veut nombrer sont semblables en tant qu'elles sont; elles sont différentes en tant qu'elles ne sont pas le même.
Si elles n'étaient pas différentes, il n'y aurait qu'un seul objet au monde.

Voici un tas d'objets. Ils sont là ensemble. Rendre compte de cette coexistence, et seulement d'elle, c'est dire «combien» ils sont. Pour ce faire, il faut constater qu'ils existent, et qu'ils existent de la même façon : il n'y en a aucun qui existe différemment des autres. Et cela, tout en affirmant qu'ils sont différents les uns des autres, sans pour autant expliciter leurs différences.

En 1963, le peintre Andy Warhol peignit *Ten Lizes*, dix visages, presque identiques, de l'actrice Liz Taylor. La reproduction du «même», le clonage, est une des obsessions humaines. Lorsque les arts abordent ce thème, ce n'est pas dans la répétition, mais dans l'écart à l'identique qu'ils trouvent leur inspiration.

Pour faire «quatre bisons», il faut ne pas vouloir les distinguer et, en même temps, il faut être persuadé que chacun d'eux n'est pas l'un des autres. N'est-ce pas là le regard du chasseur lorsqu'il compte ses proies?

Faiblesse de l'œil, force du doigt

L'œil sait reconnaître beaucoup de choses, il perçoit et met en mémoire une foule de traits d'un visage, une multitude de caractéristiques d'un paysage, mais, lorsqu'il s'agit de nombres, il fait preuve d'une insigne faiblesse.

Chacun peut vérifier cette difficulté de comptabiliser plus de cinq objets d'un seul coup d'œil. Coupez vos doigts, mettez-les en tas sur la table. Vous serez incapable de savoir, par la seule vue, si vous n'en avez pas perdu un dans l'opération.

Puisqu'on ne pouvait saisir la quantité directement par la vue, on inventa les nombres. Et avec eux, on se

En mathématiques, l'ensemble $\{a, a, a, a, a, a, a, a, a, a\}$ n'est pas un ensemble à dix éléments, mais à un seul! En effet, le seul objet de l'univers qui lui appartienne est a. Ainsi, pour la théorie des ensembles, $\{a, a, a, a, a, a, a, a, a\} = \{a\}$ Un ensemble à un élément s'appelle un singleton. Un ensemble est un singleton si, quels que soient x et y lui appartenant, $x = y$.

mit à compter. Pour garder trace de la quantité, on fit des marques. On nomma les marques. Et l'on mémorisa les noms donnés.

Comment conserver la quantité?

Les marques numériques les plus anciennes datent des premières civilisations humaines, du Paléolithique. Les hommes durent apprendre à conserver les nombres comme ils apprirent à conserver le feu. Partout où ils se trouvaient, ils avaient à leur disposition un support privilégié : l'os. Dans certains lieux, il y eut également le bois. Mais, au temps et à l'humidité, l'os résiste mieux.

Soit un ensemble de choses, bêtes, hommes ou objets. Comment mémoriser combien il y en a, sans avoir aucune idée de leur «nombre»? En faisant une marque pour chaque chose. Cette marque fut souvent une entaille. Une chose, une marque! Cet appariement est une des pratiques les plus vieilles du monde. Des «os numériques» de près de 30 000 ans ont été retrouvés.

Comment ne pas remarquer qu'une importante partie de l'humanité, inversant le traditionnel rapport aux nombres, est passée du multiple à l'unique, du poly- au monothéisme? Les dieux furent, le plus souvent, plusieurs avant d'être Un.

Le corps, carte des nombres

Pour assurer cette fonction de mémorisation de la quantité, hormis l'os, le bois et la pierre, l'homme a utilisé son propre corps. Il ne s'agit plus là de marquer un support – surtout en y pratiquant des entailles! – mais de désigner certains emplacements du corps et de leur attribuer un nombre.

La pratique des entailles – ci-dessous, un bois de renne entaillé datant du Paléolithique supérieur (15 000 ans environ av. J.-C.) – s'est poursuivie bien avant dans l'histoire de l'humanité. La taille fut une convention commune de crédit : deux planchettes identiques étaient conservées, l'une par le vendeur, l'autre par l'acheteur. Quand celui-ci prenait une marchandise à crédit, le vendeur juxtaposait les deux planchettes et les incisait de traits continus représentant la quantité de marchandise échangée. Aucune possibilité de tricherie : l'acheteur ne peut faire disparaître une entaille, par conséquent le vendeur ne peut en ajouter une. Dans *Jean le Bleu*, Jean Giono (1895-1970) parle de «la taille de bois où l'on payait les kilos [de farine] d'un simple cran au couteau».

Pour désigner ces divers «lieux du nombre», presque toutes les parties du corps ont été mises à contribution : les doigts, bien sûr, mais également les orteils, les bras et les jambes, le torse et la tête, les phalanges et les articulations.

De nombreuses civilisations ont ainsi développé de complexes cartographies corporelles numériques, accompagnées de grammaires gestuelles, dont les

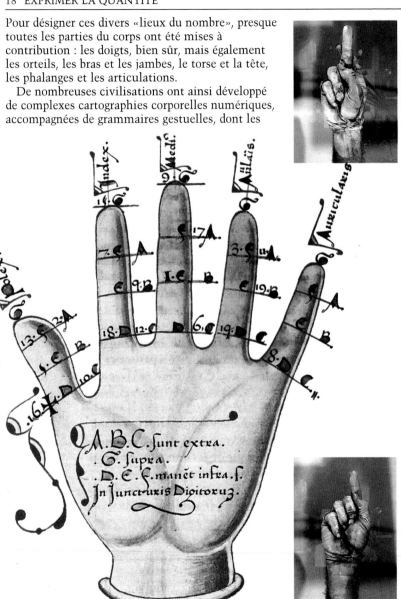

doigts, disposés dans différentes positions, allongés, pliés, courbés, étaient les acteurs principaux.

Cette façon d'opérer avec les doigts, nommée *calcul digital*, a parfois permis d'atteindre des nombres impressionnants. Au XVIe siècle, en Chine, les calculateurs ont mis au point un procédé qui leur permettait, en faisant jouer les deux mains, de dépasser le milliard!

Compter avec son corps, c'est être capable de se souvenir «jusqu'à quel point de sa personne un nombre d'objets est allé», écrit l'historien des sciences Georges Ifrah dans l'*Histoire universelle des chiffres*. Mais comment comptaient les estropiés, manchots et culs-de-jatte? L'histoire ne dit pas qu'en coupant la main d'un voleur on lui interdisait à jamais de compter le prix de ses larcins.

La succession naturelle

Tant que le nombre est intimement lié aux objets, dont il représente la quantité, l'idée de «succession

Au VIIIe siècle, le moine anglais Bède consacre un ouvrage au calcul digital (page 17) : on utilise les doigts de la main gauche pour les unités et les dizaines, ceux de la main droite pour les centaines et les milliers, diverses positions des mains par rapport à certaines parties du corps pour les dizaines et les centaines de mille. Alors que le calcul écrit est déjà introduit en Occident, des manuels de comput digital y sont encore publiés au XVe siècle (page de gauche). Aujourd'hui, en Afrique, certains peuples (ici les Massaï) ont toujours recours au calcul digital.

naturelle», n'est... pas naturelle du tout.

Tant que le «deux» fut attaché au couple d'ailes d'un aigle, le «quatre» aux pattes d'une antilope et le «un» à la bouche de l'homme, ils ne furent pas liés. Et, étant sans liens, pourquoi les ranger dans un certain ordre? Pourquoi le «deux» serait-il avant le «quatre»? Pour qu'il y ait succession des nombres, il faut qu'il y ait l'idée de nombre pur. Dès qu'il y a nombre, il y a succession.

Que sait-on de cette succession? En vrac :
– les nombres se suivent, défilant à la queue leu leu;
– il y en a toujours un autre après;
– si l'on connaît celui-ci, on connaît son suivant, que l'on obtient en ajoutant 1;
– ils sont de plus en plus grands;
– ils se succèdent, sans fin;
– il n'y a pas de dernier nombre. Alors qu'il y en a un premier;
– ils sont dans l'ordre;
– ils forment même l'archétype de l'ordre.
Lorsque l'on veut ordonner une série d'objets, on calque sur eux l'*ordre-étalon* des nombres : premier, deuxième, etc.

L'égrenage des doigts de la main, parce qu'il s'appuie sur une morphologie qui implique un ordre «naturel», peut constituer une raison justifiant l'idée de succession. Mais, remarquons que la main de l'homme n'est pas disposée suivant une symétrie radiale, comme une roue de bicyclette, par exemple. Imaginons une main circulaire, avec des doigts

Deux ailes volent dans le ciel. Une paire de ciseaux s'approche et d'un coup sec détache les ailes. Les ailes, lourdes tout de même, tombent à terre. Et, planant dans le ciel des concepts, il reste «deux». C'est quelque chose comme ça qui a créé le nombre abstrait. Et qui a fait passer du «nombre de...» au nombre, tout court.

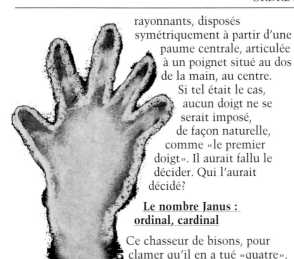

rayonnants, disposés symétriquement à partir d'une paume centrale, articulée à un poignet situé au dos de la main, au centre. Si tel était le cas, aucun doigt ne se serait imposé, de façon naturelle, comme «le premier doigt». Il aurait fallu le décider. Qui l'aurait décidé?

Imaginez... une main radiale. Qui serait liée à un radius partant du centre du dos de la main. Et cinq doigts. Mais tous identiques, disposés symétriquement en cercle. Comptez! Par lequel commencer? Si telle avait été la main de l'homme, que serait-il advenu du rapport ordinal-cardinal qui constitue la richesse capitale du nombre?

Le nombre Janus : ordinal, cardinal

Ce chasseur de bisons, pour clamer qu'il en a tué «quatre», ne doit-il pas les compter? C'est-à-dire les passer en revue : premier, deuxième, troisième, quatrième. C'est parce que l'égrenage s'est poursuivi jusqu'au quatrième et pas au-delà, qu'il y en a quatre. Ainsi succession et quantité nous furent-elles données ensemble. Les deux fonctions, l'ordinale et la cardinale, sont inséparables. Dans la vision ordinale, le nombre est vu comme le maillon d'une chaîne; dans la vision cardinale, il est quantité pure. Le cardinal mesure, l'ordinal ordonne.

Les bêtes comptent-elles?

Y a-t-il trace du nombre dans l'esprit des bêtes? Quelles sont les capacités numériques des différentes espèces? Sont-elles capables de reconnaître et de mémoriser des quantités, même faibles, de repérer des différences quantitatives? Les bêtes partagent-elles avec les humains le sens de la quantité? Ou bien, les humains sont-ils les seuls êtres à avoir déployé une activité numérique?

Au début du siècle, le cheval Hans (ci-dessous) était réputé capable de compter, voire d'additionner les fractions en tapant du sabot. En fait, quelques années plus tard, on s'aperçut que le cheval calquait ses réponses sur des signes de son entraîneur! S'ouvrit alors l'ère des recherches scientifiques sur les capacités numériques des animaux.

Le nombre est, on l'a vu, le produit d'un travail d'abstraction de la pensée, on comprend alors l'importance des réponses à ces questions.

Quelques espèces semblent pouvoir développer une certaine sensibilité numérique. Ainsi, une guêpe, *Genus eumenus*, parvient à distinguer le «cinq» du «dix» aussi bien qu'elle différencie l'œuf mâle de l'œuf femelle. En effet, ses œufs étant placés dans des cellules, elle dépose dix chenilles exactement dans celles où niche un œuf femelle, et, dans celles où niche un œuf mâle, elle en dépose cinq seulement, et exactement cinq. Certains chimpanzés sont capables de désigner l'élément médian placé au milieu d'une

suite impaire d'objets présentés en ligne. Placé face
à une rangée de bols, un choucas est capable,
lorsqu'on lance une suite de signaux (quatre dans
le cas étudié), de désigner le bol placé en quatrième
position dans la série, etc. A un pic épeiche, on a
tenté d'enseigner un code de demande d'ordre
numérique : 1 coup pour une pistache, 2 pour un
grillon, 3 pour un ver de farine, 2 + 2 pour un
hanneton, 2 + 2 + 3 pour un criquet. Le pic épeiche
a correctement répondu à la demande.

Qu'est-ce que cela prouve? Que ces animaux
savent compter? Non, il faudrait pour cela qu'ils
puissent dénombrer une série quelconque.
Pour l'heure, on n'a encore exhibé aucun
spécimen capable d'une telle
performance. L'homme restera-t-il la
seule espèce qui puisse proclamer :
je compte donc je suis?

« Bien des oiseaux
possèdent le sens du
nombre : si d'un nid
comptant quatre œufs
vous pouvez enlever
impunément un œuf,
l'oiseau l'abandonnera
en général si vous en
ôtez deux; on ne sait
comment l'oiseau
peut distinguer deux
de trois. »

Tobias Dantzig,
Le Nombre,
langage de la science

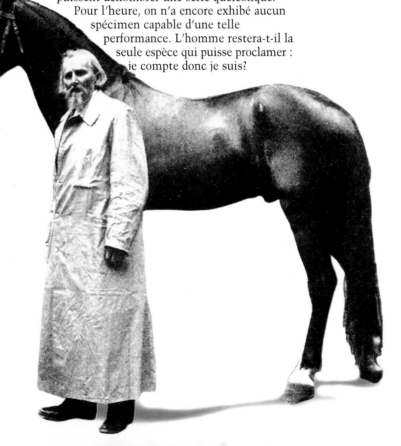

Comment élaborer un système
de représentation des nombres
possédant la même «puissance»
que les nombres eux-mêmes, capable
de les accompagner aussi loin qu'ils
aillent? Un système qui, dès que
le besoin d'un nombre nouveau surgit,
puisse lui offrir un «nom»? Un système
apte à nommer l'inédit?

CHAPITRE II
DES NOMBRES
AUX CHIFFRES

De la pierre des
monuments aux
tissus des vêtements,
tous les supports ont
été utilisés pour garder
trace du nombre. Sur
ce vêtement, sur ce
monument, sont-ce
des chiffres, sont-ce
des nombres inscrits?
Chiffres, nombres,
quelle est la différence?
Que dit-on? Un chiffre
de trois nombres ou
un nombre de trois
chiffres?

Les hommes, bâtisseurs de numérations

Pour loger la quantité, certains groupes humains se sont contentés d'habitats sommaires, dans lesquels ils abritaient une poignée de nombres qui suffisaient à leurs besoins : «un», «deux», «trois», «plusieurs». D'autres, pour accueillir la multitude numérique, ont bâti des monuments considérables, les *numérations*.

Une numération est un système de représentation des nombres. L'univers des nombres possède une particularité qui en fait un champ unique dans l'activité humaine. Il dispose d'un triple système de représentation : visuel, oral, écrit, qui respectivement fonde les numérations figurées, parlées, écrites. Voir le nombre, dire le nombre, écrire le nombre, tâches immenses des numérations.

Représenter les nombres fut la première fonction des numérations. Elles en assumèrent une seconde : calculer. On peut représenter sans calculer, mais on ne peut pas calculer sans représenter, ne serait-ce que mentalement. Les numérations les plus sommaires se contentent de représenter; c'est le cas également des numérations parlées, qui n'ont aucune capacité calculatoire. On ne calcule pas avec le mot «dix». Jusqu'à l'invention de la *numération indienne de position*, avec un zéro,

Le boulier est encore utilisé dans certaines parties du monde, ici en Afghanistan.

au Vᵉ siècle de notre ère, la fonction de calcul a été exclusivement assumée par les numérations figurées.

Les *numérations figurées* sont des numérations concrètes, constituées par un système de marques physiques matérialisées sur des supports «en dur». Les *numérations parlées* ont pour charge d'attribuer un nom à chaque nombre. Ces mots de la langue naturelle, lorsqu'ils sont retranscrits par écrit, le sont en toutes lettres : un, deux, cent, mille, etc. Les *numérations écrites*, elles, utilisent des symboles déjà là ou inédits pour représenter les nombres.

L'utilisation du boulier, outre une technicité maîtrisée, requiert une grande dextérité manuelle. Ici, la technique se réalise à travers une gestuelle complexe, esthétique et efficace, dans laquelle le son, souvent, n'est pas absent. Qu'on se souvienne du bruit des boules frappant l'armature de bois du boulier. L'apparition du calcul écrit a mis fin à la participation du corps dans l'art calculatoire.

1 – Les numérations figurées

Chaque nombre est représenté par un signe physique. Ce peut être des marques sur un support, comme on l'a vu avec les entailles sur les os, ou bien des objets. Objets naturels ou fabriqués, cailloux, perles, coquillages, bâtonnets, nœuds, jetons, etc.

Les plus simples d'entre ces numérations se bornent à un positionnement statique; les plus

Sur ce vase grec, le versement d'un tribut au roi perse Darius est enregistré sur une abaque, système de calcul en vigueur dans l'Antiquité.

complexes mettent en jeu de subtils déplacements des objets. Toutes sortes de dispositifs matériels ont été mis au point : *calculi*, tables à compter, «planches à poussière», abaques, bouliers, etc.

Il y a également les cordelettes à nœuds, présentes déjà dans la Perse de Darius au Vᵉ siècle av. J.-C. Il s'agit d'une technique de marquage par des nœuds disposés le long de cordelettes. A partir du XIIIᵉ siècle, les Incas ont perfectionné ce procédé, en créant les *quipu*, les «nombres en ficelles». Une cordelette est jalonnée de marques indiquant les divers niveaux :

Un comptable inca utilise un *quipu*, cordelette tenue horizontalement et d'où pendent verticalement des ficelles, pour enregistrer des données. L'information recueillie dépend des types de nœuds, de la longueur de la corde, de la couleur et de la position des ficelles.

❝Darius fit 60 nœuds à une courroie et convoqua les tyrans des villes ioniennes. Il leur dit : «Prenez cette courroie et suivez bien mes ordres : du moment où vous m'aurez vu entrer en Scythie, dénouez chaque jour l'un de ces nœuds. Si je ne suis pas là en temps voulu, et s'il s'est écoulé autant de jours que de nœuds à défaire, embarquez-vous et retournez chez vous.»❞
Hérodote, *Enquêtes, IV*

unités, dizaines, etc. Sur chacune d'elles, on noue autant de nœuds que nécessaire pour l'enregistrement du nombre. Ce procédé, permettant d'effectuer une comptabilité concrète complexe, est fondé sur la numération de position, d'où il tire son efficacité.

Le caillou, début de la construction de l'édifice numérique

Dans la pratique rudimentaire de l'appariement, chaque caillou vaut «un». En procédant ainsi,

on se condamne à être submergé par des tas, énormes, impossibles à manier. C'est pourquoi on eut l'idée de remplacer un tas par un seul caillou de facture différente, par sa couleur ou par sa forme. Ce qui demandait l'instauration de conventions précisant la valeur de chaque type de caillou et établissait une hiérarchie entre eux. Peut-être est-ce ainsi que naquit le *principe de la base*, sur lequel reposent toutes les numérations.

Aux cailloux naturels, rares dans certaines contrées, en Mésopotamie par exemple, furent préférés des objets fabriqués, en argile le plus souvent. On retrouve ces «pierres d'argile» sumériennes, les *calculi* (*calculus*, «caillou» en latin), dès la moitié du IVe millénaire av. J.-C. Les différentes formes de ces *calculi* : cônes, petits ou grands, perforés ou non, sphères, perforées ou non, billes, vont donner aux chiffres écrits de la numération sumérienne leur graphie originale.

Les calculs de l'instant

Tous ces dispositifs matériels souffrent d'une grande faiblesse; ils sont impuissants à garder trace du passé; chaque étape du calcul, en effet, supprime les

Les *calculi* sont de petits objets d'argile de différentes formes représentant certains chiffres de la numération sumérienne, qui est de base 60. Le petit cône vaut 1, la bille 10, le grand cône 60, le grand cône perforé 3 600 et la sphère perforée 36 000. A gauche, une bulle-enveloppe, de plus grande taille, creuse, dont le rôle n'est pas comptable mais purement social. Lorsqu'un contrat portant sur un certain nombre est passé, les *calculi* dont la somme représente ce nombre sont déposés à l'intérieur de la boule creuse. La boule est scellée pour pérenniser le contrat. Afin de ne pas avoir à la briser quand on a besoin d'en connaître le contenu, les encoches, représentant les *calculi* prisonniers, sont portés sur la surface de la bulle.

précédentes. Survient une erreur, comment en localiser l'origine? Comment vérifier? Il faut tout recommencer! Appliquant des techniques non réversibles, ces dispositifs sont condamnés à effectuer des opérations sans retour; ils sont fixés à l'instant, sans mémoire.

Ainsi, les numérations figurées proposent, d'un côté, des marques ou des objets figés dans le temps, de l'autre, un calcul producteur de résultats, mais fruit d'opérations éphémères. Des inscriptions non opératoires d'une part, de l'opératoire fugitif, de l'autre.

C'est l'inscription sur un support des étapes successives d'un calcul qui permettra la relecture à tout instant; la permanence s'en trouvera donc acquise. On ne dira jamais assez ce qu'a apporté, dans le champ calculatoire, l'utilisation du papier, inventé au IIᵉ siècle par les Chinois.

2 – Les numérations parlées

Une numération parlée est un système de nomination des nombres. «Mille et un», «*thousand one*», sont des expressions relevant des numérations parlées, la première appartenant à la langue française, la seconde à la langue anglaise, alors que «1001» est un mot d'une numération écrite, la numération indienne de position, qui n'est pas liée à une langue naturelle particulière.

Supposons qu'à chaque nombre on donne un nom *ad hoc*, avec la seule contrainte qu'il ne soit pas déjà utilisé, mais sans lien avec les noms déjà

Sur cette peinture funéraire égyptienne, quatre ouvriers sont surveillés par six scribes. Les premiers mesurent les grains et les transvasent d'un tas à l'autre. Les seconds comptent et enregistrent. Les Empires ont besoin de comptables. Assis sur le plus haut tas, le chef scribe fait des opérations en s'aidant de ses doigts et dicte les résultats de ses calculs aux trois scribes qui lui font face. Les calculs enregistrés sur les palettes seront ensuites reportés sur des papyrus pour les archives du pharaon.

attribués. Comment, alors, ranger les nombres? Comment calculer? Cette nomination sans principes rendrait vite toute utilisation des nombres impossible.

C'est pourquoi on ne peut que procéder systématiquement de façon que le nom permette de reconnaître la quantité qu'il nomme. Au lieu d'inventer chaque fois des nouveaux noms, on va fabriquer des noms composés à partir des noms des nombres plus petits. Par exemple, le nombre représenté par «dix-huit» indique qu'il est la somme du nombre représenté par «dix» et de celui représenté par «huit».

Cent mille milliards de poèmes

Dans *Cent mille milliards de poèmes* (1961), Raymond Queneau introduit dix sonnets, de quatorze vers chacun, de façon à ce que le lecteur puisse à volonté remplacer chaque vers par l'un des neuf autres qui lui correspondent. Le lecteur peut ainsi composer lui-même 10^{14}, cent mille milliards de poèmes différents qui respectent tous les règles immuables du sonnet.

Des mots pour dire les nombres

Les mots qui ont en charge de dire les nombres
s'appellent les *numéraux*. Avec un même nombre
on peut construire un numéral («j'en ai douze») ou
un adjectif («les douze heures de la nuit») ou encore
un substantif («la douzaine»). Il y a également les
multiplicatifs : double, triple... nonuple, décuple,
centuple, etc., ainsi que les noms de fractions :
demi, tiers, quart, etc.

On distingue les *cardinaux*, chargés de dire
la quantité : un, deux, dix, etc. et les *ordinaux*,
chargés de dire le rang auquel les nombres
apparaissent lorsqu'on déroule leur
«succession naturelle» : premier,
deuxième, dixième, etc.

Pour pouvoir nommer
le plus possible de
nombres, sinon tous,
il faut en distinguer
certains, dont les
noms serviront à la
nomination des
autres.

Faisons la liste
des numéraux de
la langue française.
Les unités : un, deux,
trois, quatre, cinq, six,
sept, huit, neuf, zéro.
Puis, dix, onze, douze.
Certaines dizaines :
vingt, trente, quarante,
cinquante, soixante. Puis,
cent, mille, million, milliard,
billion (un million de millions : 10^{12}),
trillion, quatrillion, etc. jusqu'au nonillion,
qui ne vaut pas moins de 10^{54}, etc.

Avec moins de 30 noms donc, on peut nommer des
nombres longs de... 55 chiffres! Un bon rendement
tout de même; mais une goutte d'eau dans l'océan
des nombres, qui ne pèse pas plus qu'une *gigannée*
(un milliard d'années) devant l'éternité.

En Mésopotamie, le support de l'écriture est l'argile. Sur une tablette de comptabilité (2400 av. J.-C., ci-dessus) se dessinent les clous et chevrons qui seront les chiffres de cette numération.

3 – Les numérations écrites

On a vu comment l'humanité était passée des quantités aux nombres, on va voir comment elle passa des nombres aux chiffres.

À Sumer, vers 3300 av. J.-C., dans le «pays d'entre-les-fleuves», la Mésopotamie, est née l'écriture. Elle aurait, dit-on, été élaborée pour la gestion de l'empire, terres, troupeaux, grains, hommes, etc. L'établissement d'une comptabilité, devenue de plus en plus complexe, a nécessité un enregistrement écrit des comptes. Ainsi serait née la représentation écrite des nombres. La première numération écrite est sumérienne.

Dans les premières tablettes d'argile, celles mêmes qui nous ont révélé l'écriture, apparaissent des nombres. Numération écrite et écriture semblent être contemporaines.

Alors que pictogrammes et idéogrammes étaient transcrits en phonogrammes, et disparaissaient les uns après les autres, les signes numériques, seuls, faisant exception, évitaient le passage au phonétisme. Ils devenaient des signes spécifiques, dont l'usage

La caste des scribes calculateurs-comptables assyriens gérait les richesses de l'empire (ci-dessus sur une fresque de Tell Barsip). A ce titre, elle était détentrice d'un pouvoir qui en faisait l'égale de la caste des guerriers et de celle des prêtres. Chargés de l'enseignement, les scribes rédigèrent des tables numériques et de nombreux «traités» arithmétiques proposant des problèmes accompagnés de leur solution. Ci-contre, le clou représente l'unité, le chevron le dix. Les deux nombres sont donc 2 et 20.

était réservé à la représentation des nombres. Ces signes étaient devenus des *chiffres*.

Qu'est-ce qu'un chiffre?

Les chiffres sont des nombres particuliers auxquels on confie la charge de représenter les nombres. Ils sont désignés par des symboles particuliers.

Tels sont les chiffres dits arabes 1, 2, ..., 9, 0; tels sont le clou et le poinçon de la numération sumérienne. Egalement, la «fleur de lotus» ou la «grenouille» dans la numération égyptienne, ainsi que le point, le trait ou le glyphe dans la numération maya.

Quelques civilisations ont choisi de ne pas créer de symboles particuliers; elles usent de certaines lettres comme chiffres. Ce sont les numérations écrites alphabétiques, l'hébraïque et la grecque, par exemple. L'aleph hébreu (א) est 1, bêt (ב) est 2, guimel (ג) est 3, de même que l'alpha grec est 1, le bêta est 2, le gamma est 3.

Le culte funéraire des anciens Egyptiens assurait aux défunts aliments et boissons, présentés ci-dessus sur une table d'offrande. La formule d'offrande et les aliments comptabilisés sont ici indiqués, pour assurer au mort son ravitaillement, quand bien même le culte matériel viendrait à s'interrompre.

Dans l'écriture des nombres, les chiffres jouent le même rôle que les lettres de l'alphabet dans l'écriture des mots. Ainsi les nombres ont précédé les chiffres comme les mots ont précédé les lettres. Et de même que «a» est, à la fois, une lettre et un mot de la langue française, «4» est un chiffre et un nombre de notre numération. Mais «13», par exemple, est un nombre, pas un chiffre.

Une langue numérique

Les numérations écrites constituent une langue à part, présente à côté de la langue maternelle; chacune

Comme la plupart des grandes civilisations, l'Egypte antique a eu plusieurs numérations. La plus ancienne, la numération hiéroglyphique, date du IIIᵉ millénaire avant notre ère. Décimale et de type additif, elle disposait de signes pour les six premières puissances de 10, c'est-à-dire qu'elle pouvait représenter les nombres jusqu'au million. L'unité était représentée par une barre verticale, la dizaine par une anse de panier, la centaine par une corde enroulée, le millier par une fleur de lotus éclose sur sa tige, la dizaine de mille par un doigt dressé dont la dernière phalange était recourbée, la centaine de mille par un têtard, le million par une divinité levant les bras au ciel.

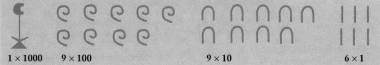

1 × 1000	9 × 100	9 × 10	6 × 1

disposant de son lexique et de sa syntaxe propres, c'est-à-dire de procédés pour construire les assemblages de chiffres qui représenteront les nombres.

Que sont les chiffres? Comment les disposer sur le support? Quels principes animent la représentation? Comment procéder pour représenter un nombre donné? Inversement, comment «décoder» une

Si le scribe de Guizeh qui grava la muraille du tombeau de la princesse Nefertyabet (en haut) vivait aujourd'hui, il inscrirait l'année 1996 de la façon illustrée ci-dessus.

I II III IV V VI VII VIII IX X XI XII L C D M

écriture numérique et déterminer quel nombre elle représente?

Les règles de construction doivent, en principe, permettre une lecture sans ambiguïté : une même écriture ne devant pas représenter deux nombres différents. Toutes les numérations n'y parviennent pas; seul, alors, le recours au contexte permet de lever l'ambiguïté.

La disposition spatiale des chiffres est linéaire : les signes se déploient sur une ligne horizontale ou verticale. Le plus souvent, sur une ligne horizontale et il y a un sens de lecture.

«Faire avec peu beaucoup»

Une numération écrite est caractérisée par la donnée des chiffres et par celle du procédé de construction des nombres à partir de ces derniers.

Semblablement à ce que l'on a décrit pour les numérations parlées, la représentation des nombres dans les numérations écrites ne peut se faire qu'à l'aide d'un procédé «économique»; par la mise au

point d'une méthode qui fasse système. L'attribution des noms se doit de reposer sur des principes valables pour tous les nombres et s'effectuer de façon telle que le nom (ou la représentation) nous informe sur le nombre qu'il représente : dis-moi comment on te nomme, je te dirai combien «tu fais», c'est-à-dire, s'agissant d'une quantité, «qui tu es».

Une numération est un système capable de «faire

“Il est [...] préférable, pensons-nous, que nos étudiants, même les bacheliers, passent les jours de fête à fréquenter les écoles plutôt que les tavernes et disputent avec leurs langues au lieu de se battre avec leurs dagues, nous voulons donc que les jours de fête, après le déjeuner, les bacheliers de notre faculté disputent et lisent gratis, pour l'amour de Dieu, le comput et les autres branches des mathématiques. Ceci ne s'applique pourtant pas aux grandes fêtes où nous voulons et ordonnons que tout le monde s'amuse.”
Statuts de Vienne, 1393

“La première chose qu'il a fallu faire a été de pouvoir exprimer d'une manière simple tous les nombres possibles. [...] On a commencé par exprimer, avec des signes particuliers, les neuf premiers nombres; une fois parvenu là, on a eu l'idée très heureuse de donner à ces caractères, outre leur valeur absolue, une valeur dépendant de leur position. Le caractère 1, qui représente l'unité, exprime, en l'avançant d'un rang vers la gauche, une unité du second ordre ou dizaine.”
Laplace, premier cours à l'Ecole normale, 1795

avec peu beaucoup». Elle s'appuie sur le principe de la base.

Compter par paquet : la base

L'adoption d'une base est le moyen que les numérations se donnent pour n'utiliser qu'un petit nombre de mots (numérations parlées) ou de symboles (numérations écrites) dans la représentation des nombres. C'est ce qui leur permet de ne pas être de purs dénombrements, où chaque nombre est une somme de 1 : $n = 1 + 1 + 1 + 1 + \ldots$

L'université semble avoir longtemps toléré l'enseignement privé des mathématiques sans l'incorporer dans le *cursus studiorum*. Ci-dessus, sur un manuscrit romain du XIIIe siècle, un professeur et ses élèves, dont l'Enfant Jésus, portant une tablette où sont inscrits des signes grecs et hébreux.

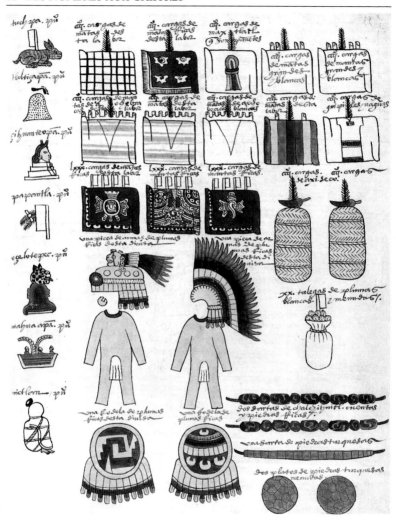

Au lieu de compter uniquement par unités, on compte «par paquets». Ces regroupements privilégiés permettent d'établir une échelle dans la succession des nombres et de définir des unités du premier ordre, du second, etc. Une base numérique est donc un nombre : le nombre d'unités d'un certain ordre regroupées pour former une unité de l'ordre immédiatement supérieur.

En principe, tous les nombres peuvent former une base. En fait, une poignée seulement a été mise à contribution.

La plus fréquente est la base décimale (10). Il y a également la sexagésimale (60), utilisée par les Sumériens, la vicésimale (20), utilisée par les Mayas, la duodécimale (12), la quinaire (5), la binaire (2).

Plus petite est la base, plus longue est l'écriture d'un nombre. Plus grande elle est, plus il y a de symboles et plus il est difficile de calculer.

Le 5 est trop petit et le 20 trop grand. Le 10 est vraiment une bonne taille; ni trop long, ni trop court; le 12 également.

Ainsi chaque numération va devoir se donner ses différentes unités, unités du premier ordre et puissances successives de la base jusqu'à un certain degré, représentées par des symboles qui sont les chiffres de cette numération.

Extrait du codex Mendoza (XVIᵉ siècle), ce document (page de gauche) chiffre le tribut en nature payé par sept villes aztèques aux seigneurs espagnols de Mexico. Dans la numération aztèque, vicésimale, tout comme celle des Mayas, et de type additif, l'unité est représentée par un point, la vingtaine par une hache, le nombre «400» (20 × 20) par une plume et le nombre «8 000» (20 × 20 × 20) par une sorte de bourse : quatre haches plantées sur une cape, soit 4 × 20 capes; une plume fichée dans une balle de piment séché, soit 400 balles, etc.

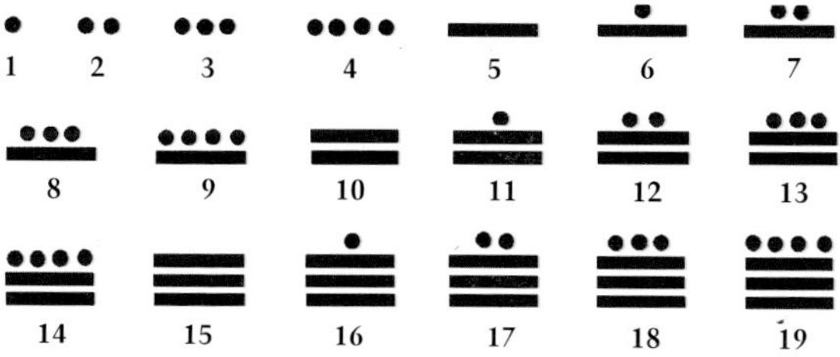

Numérations additives, numérations hybrides

Presque toutes les combinaisons possibles ont été mises en œuvre par les différentes numérations : les Egyptiens se sont successivement offert trois numérations, les Chinois et les Grecs trois également, les Mayas deux et les Indiens quatre. Les Aztèques et les Ethiopiens, les Hébreux, les Romains et les Grecs ont eu les leurs.

Des historiens des sciences, comme Geneviève Guitel et Georges Ifrah, ont établi une classification en trois groupes, qui rend compte des différents procédés mis en œuvre dans la représentation

Chez les Mayas, le moyen le plus simple de représenter les nombres était un système utilisant le point (valant 1), la barre (valant 5) et un zéro. Ci-contre, les dix-neuf premiers nombres mayas. On retrouve ces symboles numériques sur des pages du codex de Dresde (double page suivante), l'un des quatre manuscrits mayas conservés.

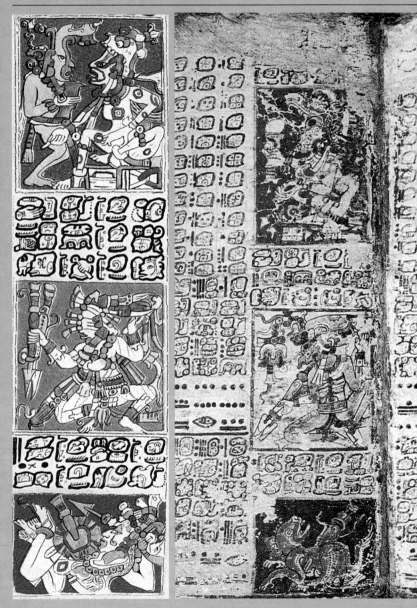

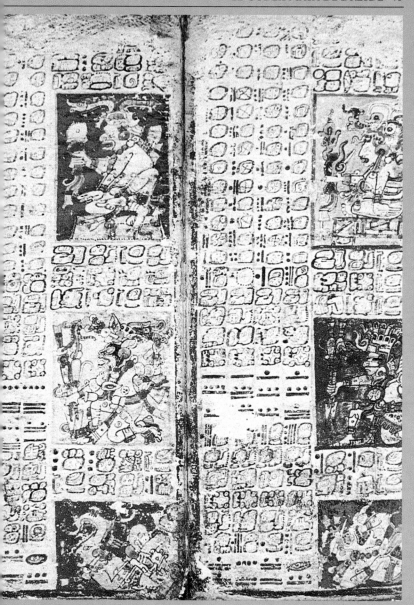

des nombres : numérations additives, numérations hybrides, numérations de position.

Le principe de classification repose sur les opérations arithmétiques utilisées pour composer les nombres à partir des chiffres.

Dans les numérations additives, l'addition est la seule opération utilisée. Un nombre est formé de la juxtaposition de symboles; sa valeur est égale à la somme des valeurs de ces symboles. Ici, la numération fonctionne comme un «pesage» : un nombre est la somme des chiffres qui le constituent. Chacun étant répété autant de fois qu'il le faut; ainsi «deux cents», conçu comme «cent» + «cent», sera représenté par la répétition du chiffre représentant «cent».

Les numérations hybrides utilisent conjointement l'addition et la multiplication. L'addition est utilisée comme précédemment pour comptabiliser les contributions des puissances successives. En revanche, pour chacune d'elles, on a recours à la multiplication de la façon suivante : «deux cents» conçu comme «deux» fois «cent» est représenté par «deux» suivi de «cent». La juxtaposition, ici, a valeur de multiplication.

Nourrir la machine à nommer

Dans ces deux types de numération on constate que les différentes puissances de la base interviennent explicitement dans l'écriture; chacune d'elles est représentée par un chiffre. Cette dernière remarque suffit à rendre évidente leur faiblesse.

A mesure que l'on avance dans les nombres, il faudra, pour pouvoir les représenter, ajouter de nouveaux chiffres. Il faut nourrir

ο ο ο. Quingenta millia,

⊃⊃.1 ο ο̇ ο ο ο, Decies

cêtena millia.

ntur ultra decies centena

lunt, duplicant rotas:ut

la machine à nommer! Imaginez un alphabet qui grossirait à mesure que l'on aurait besoin d'écrire de nouveaux mots! Le grand mérite d'un alphabet est qu'une fois posé, il défie le temps et la nouveauté; il reste imperturbable devant l'éruption d'un mot inédit. Ce n'est pas le cas des numérations que l'on vient d'évoquer. Les nombres qu'elles s'étaient promis de représenter sont en quantité illimitée alors qu'elles n'ont qu'une capacité limitée!

Les numérations de position, elles, n'ont pas cette faiblesse. Comment s'y prennent-elles pour disposer d'une capacité illimitée?

La numération romaine n'est pas alphabétique : les sept symboles numériques – I, V, X, L, C, D, M – ne sont pas des lettres de l'alphabet latin. Ce n'est qu'après une longue évolution qu'ils ont été assimilés à des signes alphabétiques. Ce système, d'une grande faiblesse quant à la représentation des grands nombres, est tout à fait inopérant dans la pratique des calculs les plus simples. Multipliez LVII par XXXVIII, et tentez de comprendre comment vous êtes arrivé à MMCLXVI $(57 \times 38 = 2\,166)$!

Ce qui pour nous est une évidence : écrire un calcul, effectuer directement les opérations avec l'écriture des nombres, se révèle une pratique tardive et exceptionnelle dans l'histoire des hommes. Ce calcul par l'écrit, et par l'écrit seul, n'a pu se réaliser pleinement que par la numération indienne de position munie d'un zéro, vers le Ve siècle de notre ère. Dix figures seulement pour représenter tous les nombres du monde.

CHAPITRE III
LA NUMÉRATION INDIENNE DE POSITION

« Un âne sur la plus haute marche vaut plus qu'un lion sur la plus basse. » Principe de position. Le 1 de 1 000 vaut plus qu'aucun des trois 9 de 999.

Le principe de position : faire compter la place

Dans la plupart des numérations, la valeur d'un chiffre est indépendante de la position qu'il occupe dans l'écriture du nombre. Le «I» de la numération romaine, par exemple, vaut «un» où qu'il se trouve dans l'écriture, de même pour le «M», qui vaut «mille». Ainsi «mille un» s'écrit «MI».

La numération de position rompt avec ce principe. Elle pose que la valeur d'un chiffre n'est pas constante : elle varie en fonction de la position qu'il occupe dans l'écriture d'un nombre.

Ici, au sens propre du terme, la place «compte»; elle vaut une certaine quantité. Quantité qui n'est prise en compte que «couplée» avec le chiffre situé à cette place.

Nécessité du zéro dans les numérations de position

C'est parce que chaque place «vaut» une certaine puissance de la base, que celle-ci n'a pas besoin d'être représentée explicitement par un chiffre dans l'écriture du nombre, la position assurant à présent cette fonction. Les «dix», «cent», «mille», etc., disparaissant; il n'y a plus que des quantités de dizaines, de centaines, de milliers, etc. Les seuls chiffres de la numération sont, alors, ceux représentant les unités.

Le principe de position a d'abord été à l'œuvre dans les numérations figurées. C'est de là, sans doute, que les numérations écrites le tiennent. Pour passer de la représentation d'un nombre sur une planche à calcul à son écriture en numération de position, il n'y a qu'à faire disparaître les tiges du boulier ou les colonnes de l'abaque. Quant aux jetons, aux cailloux, aux boules et autres objets matériels

Tant que les calculs numériques se faisaient à l'aide de dispositifs matériels, nul besoin de «poser» les opérations. Avec l'écrit, cela devint une nécessité. Comment organiser l'espace afin que les différentes étapes de l'opération s'affichent au mieux? La façon de «poser» les opérations a beaucoup évolué au cours de l'histoire. Ci-dessous une disposition de la division en usage en Occident au XVIe siècle, dite «division de Galley», du nom d'un moine vénitien. Les professeurs vénitiens

demandaient à leurs élèves de dessiner après avoir fini leurs opérations. Cette méthode avait été utilisée dès le IXe siècle par le mathématicien arabe al-Khuwârizmî.

disposés dans les colonnes ou enfilés dans les tiges,
il n'est qu'à les remplacer par des symboles écrits.
Et la place vide dans une colonne ou l'absence de
boules sur une tige? Il faut les représenter elles aussi
par un signe, le *zéro*.

Les numérations de position sont les seules pour
lesquelles son existence est une nécessité. Pour que,
par exemple, la place des dizaines subsiste, alors que

Sacrobosco, savant
anglais du
XIIIe siècle, auteur
d'une œuvre à succès,
L'Algorisme commun
(miniature ci-dessus),
joua un rôle important
dans la propagation
des chiffres arabes en
Occident.

la colonne qui la représente est inoccupée, il faut un
signe placé après la colonne des unités qui d'une part
informe que les dizaines ne comptent pas et d'autre
part avertit que le chiffre suivant est celui des
centaines. C'est le rôle dévolu au zéro.

Dans «1001», les dizaines et les centaines ne
«comptant» pas, la deuxième et la troisième places
sont occupées par «0». Quant aux deux «1»,
le premier, couplé avec sa position, vaut «un»,
le second, couplé avec la sienne, vaut «mille».

De «faire avec peu beaucoup» à «faire avec peu tout»

La numération indienne de position est dotée d'un
zéro, elle utilise la base décimale et ses chiffres sont
indépendants les uns des autres. Le graphisme adopté
est tel qu'aucun d'eux ne peut être lu comme
juxtaposition de plusieurs autres, ils sont
«indécomposables». Cette indépendance des chiffres
les uns par rapport aux autres exclut toute ambiguïté
de lecture, comme c'est souvent le cas dans d'autres
numérations.

Un seul procédé d'une déroutante simplicité règle
cette écriture : le *principe de position*. Sorte de
principe démocratique : les chiffres, placés à la suite
les uns des autres sur une ligne, avec un sens donné
de lecture, n'obéissent à aucune règle de préséance,
qui viendrait limiter leur usage. Toutes les places
sont permises à tous! Au «0» y compris. De là
découle d'une part que tout assemblage de chiffres
respectant cette règle représente un nombre, et un
seul, d'autre part que tout nombre est représenté
par un, et un seul, assemblage de chiffres.

Autre avantage de cette écriture : le lien qu'elle
établit entre la longueur du nom et la taille du
nombre. Plus le nom du nombre est long, plus le
nombre est grand. Et réciproquement. Ce lien entre
la longueur du nom et sa valeur rend la comparaison

Essai de numération
de position pour la
date de publication de
cet ouvrage (en haut à
droite).

Rappelons quelques opérations de l'arithmétique et les liens qu'elles entretiennent. Partant de l'addition, on définit la multiplication comme répétition d'additions: $m \times n = n + n + n + n + n + \ldots + n$ (m fois). Semblablement, l'élévation à une puissance, l'exponentiation, est définie comme répétition de multiplications : $n^m = n \times n \times n \times n \times \ldots \times n$ (m fois), m est l'exposant. 1 suivi de n zéro se note 10^n; on dit «dix puissance n», qui est égal à 10 multiplié par 10, ceci (n-1) fois. Ainsi $100 = 10^2 = 10 \times 10$; $1\,000 = 10^3 = 10 \times 10 \times 10$. En passant on notera que $10^1 = 10$; $10^{n+1} = 10^n \times 10$ et que $10^0 = 1$

extrêmement simple. Exemple «1001» plus long que «888» entraîne 1001 plus grand que 888. Que l'on compare avec l'écriture romaine, dans laquelle «1001» s'écrit «MI», de longueur 2, alors que 888, qui est plus petit, s'écrit «DCCCLXXXVIII», de longueur 12!

Tous les nombres du monde

Entre la collection des nombres et celle des noms,
la numération est parvenue à réaliser une
correspondance «un à un». On comprend pourquoi il
est si difficile pour nous aujourd'hui de différencier
un nombre de son nom dans la numération indienne.
Qu'est-ce, pour nous, que le nombre représenté par
«1001» sinon le nombre lui-même? Le système
indien de nomination-représentation a la même
puissance illimitée que la totalité des nombres
qu'il a en charge de nommer.

Dans ce manuscrit
indien du
XIIᵉ siècle, dit Bakshali
(ci-dessous), figure
le nombre 109305.
Le zéro n'est pas
représenté par un rond
mais par un point, le
bindu.

Remarquons encore que la qualité de la
représentation numérique indienne est «meilleure»
que celle des écritures alphabétiques des langues
naturelles. Alors que toute suite de chiffres est le
nom d'un certain nombre, toute suite de lettres de

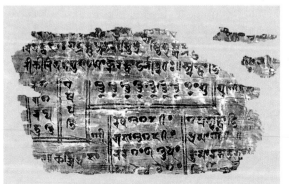

l'alphabet n'est pas un mot de la langue. Ainsi l'écriture «kwxjj» n'est pas un mot de la langue française et ne représente rien.

La numération indienne de position possède une capacité de représentation illimitée : dix figures seulement, autant que de doigts des deux mains, suffisent à représenter tous les nombres du monde.

L'invention de la numération de position dans l'Inde du Vᵉ siècle

Les chiffres, de «un» à «neuf», ont été inventés en Inde avant notre ère. Ils apparaissent dans des inscriptions de Nana Ghât, au IIIᵉ siècle av. J.-C. Mais le principe de position n'y est pas appliqué, pas plus qu'on ne décèle la présence du «zéro».

La numération de position avec un «zéro» a été inventée, en Inde, au cours du Vᵉ siècle de notre ère. En 458, parut un traité de cosmologie écrit en sanscrit, le *Lokavibhaga*, «Les parties de l'univers». On y voit le nombre «quatorze millions deux cent trente-six mille sept cent treize» écrit suivant le principe de position par la seule donnée de huit chiffres : 14236713 (dans le texte, les chiffres sont écrits en toutes lettres et de droite à gauche : «trois» «un» «sept» «six» «trois» «deux» «quatre» «un»).

Dans ce texte apparaît également le mot *sunya*, «le vide», qui représente le «zéro». C'est, à ce jour, le document le plus ancien faisant état de cette numération.

La puissance de la graphie des chiffres indiens, et de la pensée qui a animé leur création, tient à ce que ni le «deux», ni le «trois», ni le «quatre» ne sont des regroupements de «uns»; ce qui n'est pas le cas des trois autres numérations de position. Cette spécificité graphique confère à chacun des dix signes une totale indépendance et libère l'écriture numérique de toute ambiguïté. Partis du Moyen-Orient, les chiffres indiens (ci-contre évolution de leur graphie) se sont tout naturellement répandus dans l'empire arabe. En particulier dans la partie occidentale du monde islamique, le Maghreb, puis dans la péninsule Ibérique. Dans ces contrées, les chiffres ont pris une forme différente de la forme hindi des chiffres originels en usage en Orient. On les a nommés les chiffres *ghobar*. Ce sont eux qui ont donné leur aspect aux chiffres actuels; leur passage en Occident chrétien s'est fait par l'Espagne.

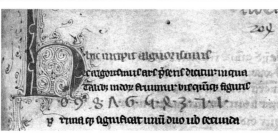

La propagation de la numération indienne par les Arabes

Trois siècles plus tard, en l'an 773, arriva à Bagdad une ambassade indienne. Dans ses bagages, il y avait des trésors : le calcul et les chiffres. Le calife al-Mansour et les savants arabes qui l'entouraient reconnurent immédiatement l'inestimable valeur de ce présent.

Le premier ouvrage en langue arabe présentant ce nouveau savoir fut l'œuvre de Muhammad ibn Mûsâ al-Khuwârizmî : *Livre de l'addition et de la soustraction d'après le calcul des Indiens.* Ecrit dans les premières décennies du IXe siècle, l'ouvrage eut une destinée exceptionnelle. C'est par lui que le calcul indien pénétra dans l'Occident chrétien. Maintes fois traduit, en latin, à partir du XIIe siècle, sa célébrité fut telle que ce calcul fut nommé *algorisme*, d'Algorismus, latinisation du nom d'al-Khuwârizmî. «On appelle *algorismus* cet art actuel par lequel nous utilisons de tels chiffres indiens au nombre de deux fois cinq», est-il noté dans le *Carmen de Algorismo*, un poème écrit en latin vers 1200.

Abacistes contre algoristes

Durant le haut Moyen Age, en Occident chrétien, les opérations

s'effectuaient sur des abaques, dispositifs de calcul se présentant comme des tables à colonnes, les chiffres étant inscrits sur des jetons, les *apices*.

Dans le *Carmen de Algorismo*, le «zéro», pour la première fois en Occident, est considéré comme un chiffre.

Raoul de Laon, un abaciste, eut l'idée de placer dans les colonnes vides un caractère nommé *sipos*,

L'un écrit, l'autre pas. L'algoriste triomphe de l'abaciste. Cette gravure du début du XVIᵉ siècle met en scène la victoire définitive du calcul écrit sur le calcul par jetons. Fondé sur les neuf chiffres et le zéro, l'algorisme permet de réaliser plus vite et plus sûrement les quatre opérations sur les nombres entiers. Au second plan, Dame Arithmétique, à la robe parsemée de chiffres, montre à l'évidence de quel côté vont ses préférences.

Le *Carmen de Algorismo*, ou *Poème sur l'Algorisme*, du Français Alexandre de Villedieu joua un rôle de premier plan dans la diffusion et l'apprentissage de la nouvelle arithmétique au sein de l'université française. Dans l'incipit (page de gauche), sont reproduits les dix chiffres, qui doivent être lus de droite à gauche, sens de lecture de l'écriture arabe.

«jeton». Ce jeton, remplacé ensuite par le signe «0», rendit inutiles les colonnes des abaques. Celles-ci, à partir du XIIe siècle, furent progressivement remplacées par des «planches à poussière».

Cela ne se passa pas sans une dure lutte entre les abacistes se réclamant de Pythagore et les algoristes, adeptes et utilisateurs du nouveau calcul venu du monde arabe. Dans cette lutte des Anciens et des Modernes, les premiers ont souvent été présentés comme les détenteurs des secrets de l'art du calcul et les défenseurs des privilèges de la corporation des calculateurs professionnels, ayant des intérêts communs avec l'Eglise. L'arrivée de la méthode indienne marquait indiscutablement une démocratisation du calcul; sa simplicité sans mystère rendait son utilisation généralisable. Et l'art du calcul commença à se libérer des cercles restreints des spécialistes.

La graphie des chiffres que nous utilisons quotidiennement ne vient pas du Moyen-Orient arabe mais des Arabes occidentaux de L'Espagne maure. On les appelle les chiffres du *ghobar*. Le chemin emprunté fut étonnamment long : Inde–Moyen-Orient arabe–Afrique du Nord–Espagne maure. Le voyage ne dura pas moins de huit cents ans!

Peu à peu l'origine indienne de ce calcul qui se répandait à travers le monde fut oubliée; on ne se souvint que de ceux desquels on l'avait reçu. Et les figures indiennes devinrent les chiffres arabes, et le «zéro», une invention arabe. D'avoir été les premiers utilisateurs, les propagandistes et les propagateurs du calcul indien, suffit à assurer une place de choix aux calculateurs arabes dans la longue histoire des

P armi les constructions durables érigées dans les cités, les cadrans solaires jouissent d'un statut particulier. Ils présentent, offerts à la vue de tous, gravés dans la pierre ou le métal, les nombres attribués aux différentes heures de la journée. L'apparition des chiffres indo-arabes, remplaçant les chiffres romains, sur les cadrans solaires (ci-contre un cadran portable, doublé d'un compas, du milieu du XVe siècle) a eu une importance certaine dans leur popularisation.

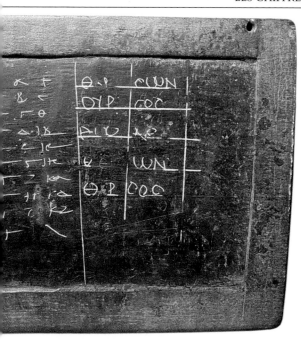

Comme la numération hébraïque, la numération née au IVe siècle av. J.-C. dans le monde grec était une numération alphabétique. Les chiffres étaient représentés par les lettres majuscules : trois séries de neuf lettres pour les unités, dizaines et centaines, soit les vingt-quatre lettres de l'alphabet grec auxquelles avaient été ajoutés trois nouveaux signes pour les besoins de la numération. Elle était décimale et de type additif. Ainsi 1 789 était représenté par :

'Α   Ψ   Π   Θ
1 000 + 700 + 80 + 9

Le nombre 1 000 était obtenu par l'adjonction d'un signe (apostrophe) au signe-chiffre A représentant « 1 ». Toutefois, les mathématiciens grecs ont mis au point des numérations plus puissantes. Archimède (287-212 av. J.-C.) en particulier a créé dans l'*Arénaire* un système pouvant appréhender les nombres jusqu'à 1 suivi de quatre-vingts millions de milliards de chiffres. La mathématique grecque posa une distinction nette entre l'art du calcul, la logistique, et l'étude des nombres : l'arithmétique (ci-contre, tablette de multiplication grecque du début de l'ère chrétienne).

nombres, sans qu'il soit besoin de leur attribuer une invention qu'eux-mêmes attribuent aux Indiens.

Calculer avec les noms des nombres!

Les calculateurs indiens du Ve siècle et, à leur suite, les continuateurs arabes inscrivaient leurs chiffres à même le sol, que ce soit sur de la terre meuble ou sur du sable, ou bien sur des planches à poussière. Poussière ou farine étaient transportées par le calculateur dans de petits sacs. Les chiffres étaient tracés avec le doigt, avec un bâtonnet ou un style. Plus tard, de façon plus raffinée, mais moins commode, on utilisa des tablettes enduites de cire et des sortes d'ardoises marquées à la craie. Enfin, il y eut le papier.

En réalité l'enregistrement des nombres à l'aide d'une écriture et l'établissement de dispositifs permettant de calculer étaient depuis toujours séparés. La numération indienne de position accomplit ce prodige d'abolir la distance entre écriture et calcul. Plus besoin de dispositifs matériels; dorénavant, on allait opérer directement avec les noms eux-mêmes. Ainsi naquit une écriture calculatoire. Finis les bouliers et les abaques, les tables à compter et les «planches à poussière». Une plume et une feuille de papyrus, de parchemin ou de papier allaient suffire aux calculs les plus complexes.

Peut-on faire mieux que la numération indienne? «Notre numération de position constitue un système parfait, répond Georges Ifrah. L'invention de notre numération actuelle a bien constitué le stade ultime de l'histoire de la notation numérique : dès lors que celle-ci fut réalisée, aucune autre découverte n'était désormais possible dans ce domaine.»

Dans les neuf cases ci-dessous sont représentés les nombres de «1» à «9» dans trois types de numérations chinoises. En haut de chaque case, en grand, la numération ancienne (1450 av. J.-C.); en bas à gauche, les chiffres commerciaux, à droite, la numération savante (IIᵉ siècle av. J.-C.). Cette dernière est une numération en base 10 utilisant deux signes seulement, un trait vertical et un trait horizontal.

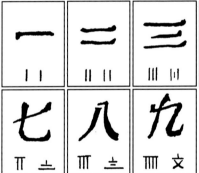

Ces qualités indépassables ont assuré son universalité.

Avec le système métrique décimal, et plus encore que lui, la numération indienne est aujourd'hui utilisée par tous les peuples du monde.

Les trois autres numérations de position

Hormis la numération indienne, il y eut à trois reprises, et de façon indépendante, création d'une numération de position.

A Babylone, au début du IIe millénaire avant notre ère, en Chine, au cours du Ier siècle avant notre ère, et dans l'Empire maya, durant une période, plus malaisée à préciser, courant entre le Ve et le IXe siècle.

Elles souffrent de la même faiblesse : la non-indépendance des représentations des unités du premier ordre. Le «deux», par exemple, n'est pas un chiffre spécifique, mais une itération de «un». La numération de position maya, de base 20, au lieu de se doter de dix-neuf symboles différents, n'en présente que trois, ceux représentant le «un»,

Au XVIe siècle, le maniement des nombres et l'exercice de l'art arithmétique étaient signes de grand savoir. Qui savait multiplier et diviser avait son avenir professionnel assuré. Sur cette tapisserie du XVIe siècle, Madame Arithmétique enseigne à la jeunesse dorée le nouveau calcul.

le «cinq» et le «zéro». Semblablement, la numération sumérienne, de base 60, qui, au lieu de se doter de cinquante-neuf symboles différents, n'en présente que deux, ceux représentant le «un» et le «dix». Il en est de même pour la numération chinoise, décimale.

La numération binaire, entre archaïsme et modernité

Hormis la numération de position de base dix, il en est une autre fréquemment employée, la numération binaire, qui utilise deux chiffres seulement : «0» et «1». Après le pur dénombrement, c'est ce que l'on peut imaginer de plus simple. Elle est à la fois la plus archaïque et la plus moderne des numérations de position.

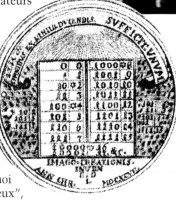

La plus archaïque : les habitants du détroit de Torres, entre Australie et Nouvelle-Guinée, utilisent une numération nommée *urapun-okosa*, rythmée par l'alternance «un»-«deux» :

1 : urapun   2 : okosa
3 : okosa-urapun   4 : okosa-okosa
5 : okosa-okosa-urapun   6 : okosa-okosa-okosa

La plus moderne : c'est l'utilisation du binaire dans le codage des nombres qui donne aux ordinateurs leur extraordinaire puissance calculatoire. Pour expliquer l'arithmétique binaire, le savant allemand Leibniz, qui a été le premier propagandiste de cette numération, écrit en 1703 : «Au lieu de la progression de dix en dix, j'ai employé depuis plusieurs années la progression la plus simple de toutes, qui va de deux en deux, ayant trouvé qu'elle sert à la perfection de la science des nombres. Ainsi je n'y emploie point d'autres caractères que "0" et "1", et puis allant à deux, je recommence. C'est pourquoi "deux" s'écrit ici par "1 0" et "deux fois deux", ou "quatre", par "1 0 0" et "deux fois quatre",

ou "huit", par "1 0 0 0", etc.» La longueur des nombres en binaire est au moins double de ce qu'elle est en décimal. Pour un calculateur humain, cet allongement rend le binaire impraticable mais ne gêne en rien les ordinateurs.

Ces suites de «1» et de «0», interprétées comme des suites de «oui» et de «non», deviennent ainsi aisément codifiables à l'aide de dispositifs physiques simples, fondés sur la propagation électrique. Le passage du courant exprime le «1», son interruption le «0». La vitesse de propagation est telle que le codage de nombres extrêmement longs se fait en des temps extrêmement courts. Ainsi fonctionnent les ordinateurs.

Leibniz (à gauche) avait dessiné le projet d'une médaille célébrant la numération binaire (en bas) : «J'y ai représenté lumière et ténèbres, ou, selon l'idée que s'en font les hommes, l'esprit de Dieu planant sur les eaux... Et cela est vrai, comme les vides abysses et le morne désert appartiennent au zéro, tandis que l'esprit de Dieu et sa lumière appartiennent au Un tout puissant.»

60

1, 2, 3... ces nombres, dont la réalité est si manifeste qu'on les dit «naturels», que savons-nous d'eux? L'inépuisable succession des entiers, qui nous est si familière, recèle de désarmantes et inespérées régularités, mais aussi de stupéfiantes et inexplicables distributions. Leur étude constitue la théorie des nombres, l'arithmétique, la «reine des mathématiques» suivant les mots de Carl Friedrich Gauss, le «Prince des mathématiciens».

CHAPITRE IV
LES ENTIERS NATURELS

Pour les élèves des écoles primaires qui chantonnent si bien les tables de multiplication et qui renaclent tant à faire des divisions, les nombres ont-ils encore des secrets? A gauche, un jeu en usage dans les écoles au début du siècle *Le Petit Arithméticien* qui permettait d'effectuer les quatre opérations.

La division, outil principal d'investigation des entiers naturels

Pour former l'ensemble, conventionnellement appelé
ℕ, des *entiers naturels*, il suffit d'ajouter 0 à 1, 2, 3...
De ℕ nous savons qu'il a un début : 0 est le premier
naturel. Qu'il n'a pas de fin : il n'y a pas de dernier
naturel. Et que chaque naturel *n* a un successeur
immédiat, (*n* + 1). L'étude des nombres entiers,
ainsi que celle des nombres négatifs et des fractions,

relève du domaine de l'*arithmétique*, la science des nombres. On y analyse la réaction des divers nombres aux quatre opérations. C'est l'une des disciplines mathématiques les plus difficiles.

À l'addition, les nombres doivent leur engendrement et leur succession, (1 + 1 + 1 + ...), à la multiplication, ils doivent le principe des numérations : chaque nombre est une somme de multiples des différentes puissances de la base. La division, elle, est chargée d'une

Euclide, un des plus grands mathématiciens grecs du IIIe siècle av. J.-C., (ici revisité par Max Ernst) auteur des célébrissimes *Éléments*, a mis au point une technique de division : la division euclidienne, c'est-à-dire la division avec reste. Ainsi 19 divisé par 5 égale 3, reste 4.

autre tâche : outil essentiel d'investigation des naturels, elle va permettre de mieux les connaître en testant leur *divisibilité* – maître mot de l'arithmétique.

Pair, impair, la première classification des naturels

L'étude des diviseurs est l'un des principaux modes de classification des naturels.

Cette table de multiplication triangulaire est extraite d'un manuscrit de 1793, travail d'un élève constituant un cours complet d'arithmétique.

Comment chacun d'eux réagit-il à la division?
Est-il divisible par tel ou tel autre? Est-il «beaucoup»
ou «peu» divisible? etc.

La division par 2, la plus simple, fournit la
première classification des naturels. Il y a ceux qui
sont divisibles par 2, les *pairs*, et ceux qui ne le sont
pas, les *impairs*. Un nombre pair est celui qui peut
être partagé en deux parties entières égales.
Les Pythagoriciens (Ve-VIe siècle avant J.-C.) ont été
les premiers à établir cette distinction et à la mettre
en œuvre dans les calculs pour établir des résultats
généraux. L'alternance pair/impair scande
interminablement le défilement des naturels.

Pour signifier que les pairs sont des «doubles»,
les mathématiciens ont coutume de les noter *2n*,
n étant un naturel quelconque; les impairs s'écrivant
alors *2n+1*.

Quelles opérations conservent la parité? La somme
de deux pairs est paire, celle de deux impairs l'est
également. L'addition ne conserve donc pas la parité.
En revanche, le produit de deux pairs est pair, celui
de deux impairs est impair. La multiplication
conserve la parité. Et l'élévation au carré? Le carré
d'un entier pair est pair, celui d'un impair est impair.
L'élévation au carré conserve la parité.

Les nombres premiers, la seconde classification

Deuxième étape dans
l'établissement d'une typologie :
les nombres qui ne sont pas
divisibles du tout, sauf par eux-
mêmes et par 1 (un nombre
étant toujours égal au produit
de lui-même par 1 : $n = n \times 1$).
On appelle ces nombres
premiers parce qu'ils ne sont
le produit d'aucun autre entier
qu'eux-mêmes et 1.
Ainsi sont les nombres
2, 3, 5, 7, 11, 13, 17, etc.

Chaque naturel, ou bien est
premier ou bien est le produit

Impair passe
et manque! Jouer
les nombres! Ça peut
rapporter gros.
Combien de jeux
sont fondés sur les
nombres : de la
roulette à la loterie
en passant par le Loto?

Il y a, pour l'opinion,
de bons et de
mauvais nombres.
Le 5 appartient à la
catégorie des bons
nombres. Le peintre
Charles Demuth (1883-
1936), qui a intitulé
son tableau (ci-contre)
*J'ai vu le chiffre 5 en
or*, en était convaincu.
Dans les pays du
Maghreb, le *khamsa*
est représenté par la
main de Fatma. Ce
bijou que l'on porte
autour du coup protège
du mauvais sort.

de nombres premiers. C'est ce qu'on appelle la décomposition en facteurs premiers. Elle est unique (chaque nombre possède une et une seule formule de décomposition qui lui appartient en propre).

Résultat d'une extrême importance... pour qui s'intéresse aux nombres. En effet, l'existence et l'unicité de cette décomposition permettent d'attacher à tout nombre entier *la* collection de ses diviseurs premiers, sa signature en quelque sorte.

[7, 11, 17, 23], par exemple, est la signature de 30107, parce que celui-ci est divisible par ces quatre nombres premiers et uniquement par eux : $30107 = 7 \times 11 \times 17 \times 23$.

Les nombres premiers jouent le rôle de générateurs; ils suffisent à engendrer l'ensemble des naturels. Points d'appui sur lesquels repose l'architecture entière des naturels, les connaître devient une question centrale pour les mathématiciens. Comment les reconnaître? Combien y en a-t-il? Comment se répartissent-ils parmi les autres?

Plus un nombre est grand, plus il y en a de plus petits que lui; donc, plus il a de prétendants diviseurs. Ainsi, plus il est grand, moins il a de «chance» d'être premier; plus on avance dans les naturels, plus faible est la densité de nombres premiers : ils se raréfient à mesure qu'ils croissent. Se raréfient-ils au point de disparaître? Non. Aussi loin que l'on aille dans les entiers, il y aura toujours des nombres premiers :

il n'y a pas un nombre premier qui soit le plus grand de tous. S'il est un rêve caressé par les mathématiciens, c'est celui de trouver un dispositif opérationnel capable de produire tous les nombres premiers.

Nombre premier, le 17 a été mis en scène par Paul Klee (1879-1940) dans une œuvre de 1926, *Les 17 égarés*.

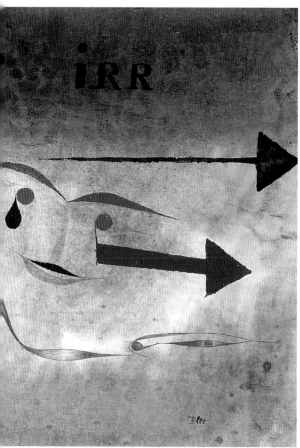

8 septembre 1985, 7 h 30. Flash spécial : « Houston, Texas. On vient d'apprendre la découverte du plus grand nombre premier connu. » Bienvenue à $2^{216091} - 1$! Un nombre de 65 050 chiffres ! Parmi les nombres premiers, ceux de Marin Mersenne (1588-1648), de la forme $M^n = 2^n - 1$ (n entier), sont très appréciés. Leur recherche est un sport couru. Jusqu'en 1963, on en connaissait vingt-deux. Pour saluer la découverte du 23e en 1963 : $2^{11213} - 1$, on créa une oblitération postale spéciale. Le plus grand nombre de Mersenne aujourd'hui connu, le 34e, soit $2^{1257287} - 1$, ne comporte pas moins de 378 632 chiffres !

$$2^{11213} - 1$$
IS PRIME

Ces découvertes sont le fruit de l'étroite coopération de chercheurs efficaces et de leurs ordinateurs aux performances croissantes.

Deux nombres premiers sont *jumeaux*, si leur différence est 2. C'est dire qu'ils ne peuvent être plus proches. 17 et 19, et aussi 29 et 31 sont jumeaux. 1 000 000 061 et 1 000 000 063 le sont également. Qu'il y ait deux nombres premiers jumeaux aussi grands alors que leur densité diminue sans cesse, est tout

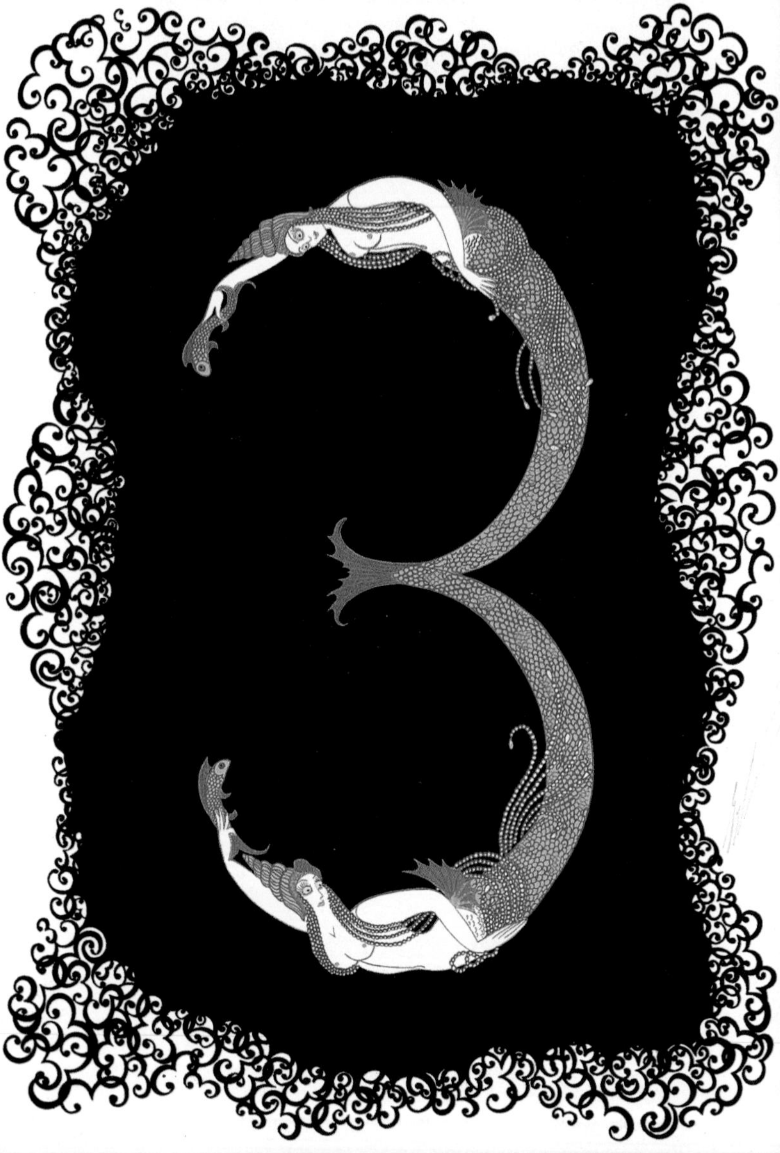

à fait surprenant; on pourrait
penser que, passé un seuil,
il n'y a plus de paires de jumeaux.

Le 60, l'as de la divisibilité

Plus un nombre est divisible, plus il
a de parties. Et plus il a de parties,
plus il se révèle utile dans certains
usages. Là réside le secret du 60
et de son utilisation dans de
nombreux domaines. Est-ce parce
que 60 est «beaucoup divisible»,
que l'heure a été divisée en
60 minutes, et la minute en

Les différents
moyens de mesurer
les angles célestes en
usage au XVIᵉ siècle
sont ici présentés :
quadrant, carré
géométrique,
nocturlabe et, au
centre, le «bâton de
Jacob».

60 secondes? Voyez la liste de ses diviseurs : 1, 2, 3, 4, 5, 6 10, 12, 15, 20, 30, 60. Impressionnante! Douze diviseurs. Comparez à 100 qui est bien plus grand et qui n'a que huit diviseurs : 1, 2, 4, 5, 10, 20, 25, 50.

Et 60 a entraîné dans son sillage son *sous-multiple* 12, qui admet quatre diviseurs, alors que 10 en admet seulement deux. Ce qui explique pourquoi la douzaine prend si souvent l'avantage sur la dizaine. Jusqu'au XVIIIᵉ siècle, dans de nombreuses contrées, la journée, entre le lever et le coucher du soleil, était divisée en 12 heures engendrant du coup des heures inégales au cours de l'année. Heures courtes d'hiver, heures longues d'été.

60 a entraîné également dans son sillage son multiple 360, qui a donné les degrés pour la mesure des angles et celle des arcs du cercle. Ce qui a eu pour conséquence d'attribuer 90 degrés à l'angle droit. Longtemps, même après l'adoption du système décimal, les calculs s'effectuaient avec des fractions sexagésimales.

L'angle sous lequel on voit un objet dépend de la distance qui nous sépare de lui. Comment connaître sa taille si l'on connaît distance et angle? C'est, entre autres choses, ce à quoi sert la trigonométrie, étymologiquement mesure des triangles», dont le mathématicien Viète, auteur du *Traité des sections angulaires* (1615) peut être considéré comme le créateur. Les fonctions trigonométriques – sinus, cosinus, tangentes et cotangentes – permettent d'attacher à un angle des nombres qui le caractérisent. Elles ont été calculées et présentées dans des tables.

Nombres parfaits, nombres amiables

Pour «mesurer» la divisibilité d'un naturel, on peut aussi prendre en compte la somme de ses diviseurs. Comparons un naturel à la somme de ses diviseurs autres que lui-même. Ou bien la somme des parties propres est plus grande que le tout, auquel cas l'entier est dit *abondant*. Tels sont 12, 18, 20... par exemple : 12 est inférieur à la somme de ses parties propres $(12 < 1 + 2 + 3 + 4 + 6 = 16)$. Ou bien la somme des parties est plus petite que le tout, auquel cas l'entier est dit *déficient*. Tels sont 4, 8, 9, 10... par exemple : 10 est supérieur à la somme de ses parties propres $(10 > 1 + 2 + 5 = 8)$. Dans le cas où la somme des parties propres est égale au nombre, celui-ci est *parfait*.

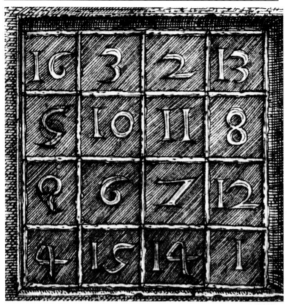

Comment disposer des nombres entiers dans les cases d'un carré de façon que les sommes horizontales, verticales et diagonales soient égales à un nombre donné? Dans sa gravure *Melancolia*, Dürer (1471-1520) a gravé un carré de côté 4, comportant donc 16 nombres, devant vérifier dix égalités : les quatre sommes horizontales, les quatre verticales et les deux diagonales valent 34. Dans les deux cases centrales de la dernière ligne, Dürer s'est offert le plaisir d'inscrire la date de l'œuvre (1514).

Tels sont, par exemple, 6 (= 1 + 2 + 3) et 28 (= 1 + 2 + 4 + 7 + 14).

A Pythagore, un jour, on demanda : «Qu'est-ce qu'un ami?» La légende rapporte qu'il répondit : «Celui qui est l'autre moi-même.» Devant l'étonnement de son interlocuteur, il précisa : «Celui qui est l'autre moi-même comme sont 220 et 284.» Et comment sont 220 et 284? Ils entretiennent un fort lien... eu égard à la divisibilité : la somme des diviseurs de l'un est égale à l'autre. Telle est la définition de deux nombres *amiables*. Le couple cité par Pythagore forme la plus petite paire d'«amis». Les diviseurs de 220, autres que lui-même, sont 1, 2, 4, 5, 10, 11, 20, 22, 44, 55, 110, dont la somme est 284. Quant à ceux de 284, ils sont 1, 2, 4, 71, 142, dont la somme n'est autre que 220.

Mais que font donc les mathématiciens?

Un champ mathématique est un univers composé
d'objets, de propriétés attribués à ces objets et
de vérités les concernant. Les mathématiciens
travaillant dans ce champ vont, par exemple, bâtir
des classifications d'objets du même type, ou bien

Dès le IXe siècle, le
mathématicien
arabe Thabit ibn Qurra
énonce le théorème
fondamental sur les
nombres amiables (ici
repris par un manuscrit
arabe du XIIIe siècle).

établir des liens entre les différents types d'objets,
ou entre les propriétés différentes d'un même objet.
Deux propriétés sont-elles équivalentes? Celle-ci
entraîne-t-elle celle-là? etc.

Ces questions, judicieusement formulées sous
forme d'une proposition, *font* problème. Lorsqu'un
mathématicien parvient à donner une réponse
à ce problème en produisant une démonstration
convaincante pour l'ensemble de ses collègues,
la proposition devient une vérité de cet univers
mathématique. Si, à partir de cette vérité, l'ensemble
des mathématiciens présents et à venir peuvent
établir d'autres vérités, elle devient alors un
théorème.

A questions simples, réponses parfois très compliquées

En mathématiques, les «bons» problèmes sont
généralement ceux qui sont formulés de façon
simple... mais dont la résolution, elle, se révèle
particulièrement difficile. L'arithmétique est une
mine de bons problèmes! L'extrême simplicité de la
formulation des questions y masque fréquemment
l'extrême difficulté de leur résolution.

Certaines questions posées il y a plusieurs siècles
attendent encore une réponse. Par exemple celles-ci :
Y a-t-il une infinité de nombres premiers jumeaux?
Y a-t-il un nombre infini de paires d'entiers
amiables? Y a-t-il des nombres parfaits impairs?

On a vu que tout naturel peut être décomposé en
un produit, non limité, de nombres premiers. Peut-on
le décomposer en une somme donnée de nombres
premiers, deux, trois ou quatre par exemple? Un jour
de 1742, le mathématicien Christian Goldbach
envoya une lettre à son collègue Leonhard Euler,
dans laquelle il affirmait, sans démonstration, que :
«Tout nombre pair (différent de 2) est la somme de
deux nombres premiers.» Par exemple, $16 = 13 + 3$,
ou $30 = 23 + 7$. Deux siècles et demi plus tard,
on ne sait toujours pas si cette assertion est vraie.
Et les nombres impairs? On a démontré que tout entier
impair suffisamment grand (supérieur à $3^{14348907}$) est
la somme de trois nombres premiers.

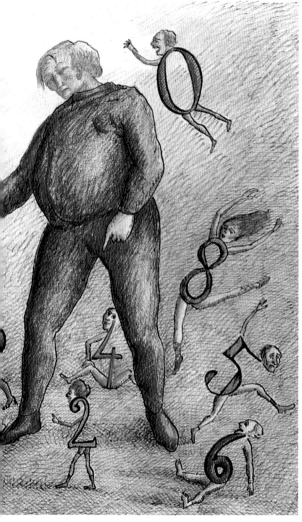

Dompter les nombres? Il n'est pas né le géant qui y parviendra. Il se crée en ce domaine autant de conjectures qu'on en résout. C'est dire que la structure des entiers reste pour les mathématiciens une des grandes inconnues. Les outils des différentes disciplines mathématiques : algèbre, analyse, topologie, géométrie algébrique etc., sont utilisés pour la mieux connaître.

Point n'est besoin d'échafauder d'opaques et mystérieuses mystiques des nombres, il n'est qu'à contempler leur troublante architecture pour y trouver autant de merveilleux qu'on peut en avoir besoin.

Lorsque le peuple mathématicien est convaincu de la vérité d'une assertion, et que néanmoins nul n'est parvenu à la démontrer, cette assertion se voit gratifiée du titre de *conjecture*. Plus longtemps celle-ci «résiste» aux efforts faits pour la démontrer, plus elle devient célèbre. Faire «tomber» une conjecture, c'est s'assurer une durable célébrité. Tout mathématicien se doit d'avoir, une fois dans sa vie, tenté de réduire une conjecture renommée. En général, elle lui résiste.

Les générations successives de mathématiciens qui s'attaquent à une conjecture s'y prennent de façon graduelle, ils la «grignotent». Puisqu'on n'est pas arrivé à faire la démonstration dans toute sa généralité, on va distinguer des cas où l'on pourra tout de même répondre. Et de fil en aiguille, peut-être...

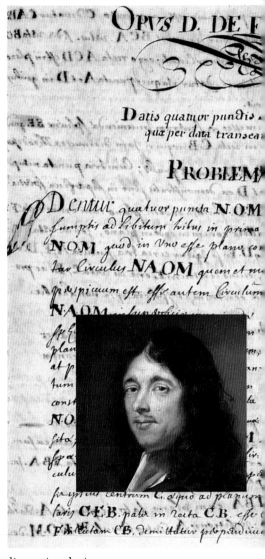

La conjecture de Fermat

Un cube parfait peut-il être la somme de deux cubes parfaits? En 1640, le mathématicien Pierre Fermat généralise la question et y répond. Dans la marge d'un ouvrage de Diophante, il affirme que «pour *tous* les entiers n plus grands que 2, on ne peut trouver trois entiers x, y, z, tels que $x^n + y^n = z^n$.»

Mais Fermat ne fournissant pas l'obligatoire démonstration, l'assertion devient une conjecture. Depuis cette date, la quasi-totalité des mathématiciens est convaincue qu'elle est vraie.

Mais cela ne suffit pas. Seule une démonstration est en mesure d'en établir la vérité. Fermat lui-même, puis Euler, l'ont démontrée pour $n = 3$ et $n = 4$. Puis d'autres mathématiciens ont étendu peu à peu le champ de vérité de l'assertion. Jusqu'à ce que, en 1987, D. Health Brown l'établisse pour «presque toutes les valeurs de n». Mais en maths, «presque toutes», ce n'est pas «toutes». Il a fallu huit années supplémentaires pour que le mathématicien Andrew Wiles passe du «presque toutes» à «toutes». Depuis le mois de mai 1995, on dit le *théorème* de Fermat!

Fermat écrit : «J'ai découvert une démonstration assez remarquable de cette proposition mais elle ne tiendrait pas dans une seule page.» La plus célèbre conjecture de l'histoire est née! Le 22 juin 1993, à l'institut Isaac-Newton de Cambridge, Andrew Wiles expose les grandes lignes de sa démonstration de la conjecture de Fermat. Bien que longue d'un millier de pages, elle est incomplète! Deux années seront encore nécessaires à Wiles pour apporter la preuve complète de sa validité.

Depuis les nombres des origines
voués au seul dénombrement,
l'Empire n'a cessé de s'étendre.
Long cheminement, qui n'est pas
encore terminé, où chaque extension
marque une transformation
déterminante de l'idée de nombre.
Au fil du temps, le nombre s'est peu à
peu dévêtu de sa parure de quantifiable
pour se couvrir des habits du calculable.
Ce chemin est celui qui a fait passer
de l'arithmétique à l'algèbre.

CHAPITRE V
L'EMPIRE S'ÉTEND

Racine Carée. / Racine Triangle.

**– Qu'entendez-vous
par «un certain
nombre»?
– J'entends par
«un certain nombre»,
un nombre incertain…
qu'il ne serait ni
respectueux ni prudent
peut-être de vouloir
déterminer et
préciser.**
Alphonse Karr,
Le Figaro, 1873

Racine Carée	Racine Triangle	
1	1	1
4	2	3
9	3	6
16	4	10
25	5	15
36	6	21
42	7	28
64	8	36
81	9	45
100	10	55
121	11	66
144	12	78
169	13	91
196	14	105
225	15	120
256	16	126
289	17	133
324	18	151
361	19	170
400	20	190

Le nombre négatif est issu du besoin comptable

Lorsque l'on effectue un travail d'arpentage, ou bien lorsque l'on opère dans un cadre géométrique en maniant des grandeurs, on ne ressent pas la nécessité d'utiliser d'autres nombres que les positifs. Que serait une grandeur géométrique dont la mesure serait moindre que 0?

Ni les calculateurs babyloniens ou égyptiens, ni les penseurs grecs, et à leur suite, les mathématiciens arabes, n'ont disposé de la notion générale de nombres négatifs.

dette   paye   Reste

Les premiers à utiliser des quantités négatives furent les mathématiciens indiens, qui, dès les VIᵉ et VIIᵉ siècles de notre ère, les employèrent pour des besoins comptables. A l'opposé des biens, représentés par des nombres positifs, les dettes s'inscrivirent comme des quantités négatives. Lesquelles se détachèrent du «concret» et des circonstances qui avaient favorisé leur manifestation, établissant ainsi une utilisation générale des quantités négatives.

Toute inscription de dettes et de biens ne peut s'effectuer que s'il existe une situation d'équilibre, celle dans laquelle les biens épurent les dettes. Plus généralement, il ne peut y avoir de nombres négatifs sans la présence du zéro.

Extrapolant l'art comptable, les calculateurs indiens établirent ce que les écoliers connaissent comme la «règle des signes» :
• un bien retranché de 0 est une dette : $a > 0$, $-(+a) = -a$;
• une dette retranchée de 0 est un bien : $-(-a) = +a$;
• le produit ou le quotient de deux biens ou de deux dettes est un bien;
• le produit ou le quotient d'un bien par une dette est une dette. Ici, un marchand indien faisant ses comptes.

L'Occident, réticent à adopter les nombres négatifs

Un millénaire après les mathématiciens indiens, les quantités négatives n'étaient pas parvenues à forcer la porte de l'empire des nombres en Occident. On peut se demander pourquoi les mathématiciens ou les calculateurs comptables de l'Europe de l'Ouest, disposant du zéro depuis le XIVe siècle, n'ont pas, comme leurs homologues indiens, produit dès cette époque les nombres négatifs.

Le grand mathématicien indien Brahmagupta (VIIe siècle) a eu l'idée d'utiliser les couleurs pour symboliser les différentes inconnues de ses équations : le noir pour la deuxième, puis, dans l'ordre, le bleu, le jaune, le blanc et le rouge.

Il faudra attendre la fin du XVe siècle pour voir apparaître en Occident des êtres numériques non positifs. Etres dont on établit les règles d'utilisation, la règle des signes, mais auxquels on dénie l'existence en tant que quantités réelles, c'est-à-dire en tant que nombres. Désignés comme *numeri absurdi*, on leur refusera longtemps la consécration : être considérés comme une solution possible d'une équation. Pour Descartes lui-même, la racine d'une équation qui n'était pas positive était considérée comme une «racine fausse».

Quant à la représentation graphique d'une fonction, ce n'est qu'au milieu du XVIIe siècle que le mathématicien anglais John Wallis osa attribuer des coordonnées négatives aux points d'une courbe.

Les entiers négatifs, réunis aux positifs, forment l'*ensemble des entiers relatifs*, noté

$$\mathbb{Z} = \{..., -3, -2, -1, 0, 1, 2, 3, ...\}.$$

Les nombres rationnels, nombres rompus

La notion générale de *rapport* de deux entiers fut mise en œuvre par les premiers penseurs de la Grèce antique, les pythagoriciens, au VIe siècle av. J.-C.

Ces x et ces y, et ces signes $+, -, \times, =, \sqrt{}$, qui aux yeux de tous symbolisent les maths, il est difficile de croire qu'ils sont assez récents. Par exemple, le signe = était absent dans les mathématiques grecques et arabes; il a été inventé par l'Anglais Robert Recorde en 1557 (ci-dessus, une page d'un de ses ouvrages). On imagine mal l'importance qu'a eue la symbolisation dans les progrès de l'algèbre. Que d'essais de notations pour passer de l'écriture littérale d'une équation à celle que nous connaissons aujourd'hui!

Les Babyloniens et les Egyptiens qui les avaient précédés n'avaient utilisé, eux, que les quantièmes, dont le numérateur est 1 (1/2, 1/3, etc.), ainsi que certaines fractions particulières, comme 2/3. Le mot «fraction» vient du bas latin *fractio*, traduction de l'arabe *kasr*, «rompu»; les fractions sont donc des nombres rompus. Le dénominateur dénomme, le numérateur nombre. Le nombre 2/5, c'est deux parties de 5 : deux cinquièmes.

Entiers et fractions réunis forment l'*ensemble*

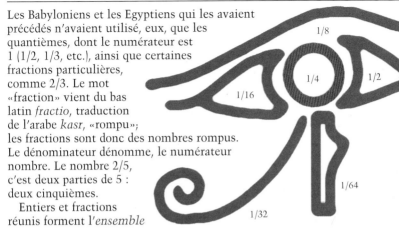

des nombres rationnels, noté ℚ. A la différence d'un entier, un rationnel n'est en général pas une multiplicité d'unités. Avec les rationnels, la notion de quantité se transforme; on passe du dénombrement à la mesure, du «nombre comptable» au «nombre métrique».

Pour Pythagore, les nombres régissent l'univers

Etablis, autour de leur maître, à Crotone, dans l'Italie du Sud, au cours du VIᵉ siècle av. J.-C., les pythagoriciens ont développé une véritable mystique numérique. Pour eux, les nombres sont bien plus que de la pure quantité, ils constituent les éléments de l'univers : «Les principes des

Les premiers termes de la progression géométrique 1/2, 1/4, 1/8, 1/16, 1/32, 1/64 sont représentés chacun par un hiéroglyphe. Astucieusement disposés, ils composent l'«œil d'Horus», le dieu à tête de faucon des Egyptiens (en haut).

Fragments du papyrus Rhind (ci-dessus et ci-dessous), texte mathématique du XVIIIᵉ-XVIIᵉ siècle av. J.-C.

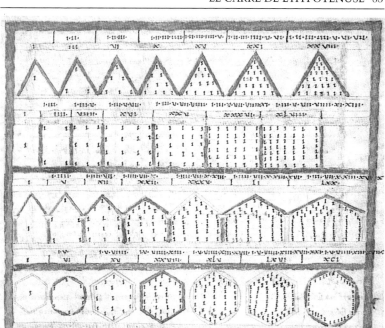

nombres sont les éléments de tous les êtres.»
Et les nombres, ce sont les entiers et les rapports
d'entiers, dont la fonction principale est de
représenter les mesures des grandeurs
géométriques.

Ce lien capital entre nombres et grandeurs,
qui établit la cohérence de l'univers, sera
brutalement rompu. Et il le sera au cœur même
d'une des deux figures phares du monde antique :
le carré. L'autre étant le cercle. Comble! Cette
rupture sera accomplie à l'aide du théorème de
Pythagore lui-même. Théorème célèbre concernant
les triangles rectangles : soient a et b les côtés
adjacents à l'angle droit, et c, l'hypoténuse.

Les pythagoriciens
avaient choisi
d'associer les nombres
à des figures
géométriques obtenues
par la disposition
régulière de points, dont
la somme constitue le
nombre représenté. Il y
avait ainsi les nombres
triangulaires 1, 3, 6,
10..., les nombres
carrés 1, 4, 9, 16..., les
nombres rectangulaires
1, 6, 12... Ci-dessus, les
nombres figurés revus
par le philosophe latin
Boèce au Ve siècle.

La somme des carrés des côtés adjacents à l'angle droit est égale au carré de l'hypoténuse : $a^2 + b^2 = c^2$.

Ce résultat, présenté de façon différente, était connu des scribes babyloniens dès 1800-1600 av. J.-C.; plus d'un millénaire donc avant Pythagore. Mais ce sont les Grecs qui, entre les VIe et Ve siècle av. J.-C., en ont proposé une démonstration rigoureuse.

La réciproque de ce résultat est vraie. Ce qui établit l'équivalence entre une propriété géométrique (être un triangle rectangle) et une propriété numérique (l'égalité entre les carrés des côtés), tissant ainsi un lien de nécessité réciproque entre géométrie et arithmétique, entre nombres et grandeurs.

Un carré, c'est deux longueurs : le côté et la diagonale. La donnée de l'une détermine l'autre par application du théorème. Soit un carré de côté 1; on le décompose en deux triangles rectangles isocèles égaux, dont l'hypoténuse est la diagonale du carré. La longueur de l'hypoténuse – c'est-à-dire celle de la diagonale – doit donc être telle que son carré soit égal à 2.

Les pythagoriciens vont démontrer qu'il n'existe aucun nombre rationnel dont le carré est 2.

Les Grecs n'ont pas découvert le «théorème de Pythagore» (buste ci-dessous). Ils ont été les premiers à en produire une démonstration (ci-contre, celle d'Euclide). Au centre, le triangle rectangle. En bas, le grand carré, dont le côté est l'hypoténuse. En haut, les deux petits carrés dont les côtés sont les côtés de l'angle droit. On démontre que la surface du grand carré est égale à la somme des surfaces des deux petits.

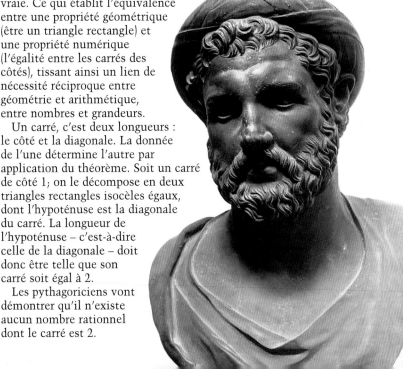

Inversement, si l'on part d'un carré de diagonale 1, il a un côté dont le carré doit être égal à 1/2. Et il n'existe aucun nombre rationnel dont le carré est 1/2.

Voilà démontré que le côté et la diagonale d'un même carré n'admettent aucune commune mesure! Si un nombre représente l'un, aucun nombre ne pourra représenter l'autre! Ils sont incommensurables. Impossible donc de les connaître numériquement ensemble. Et pourtant, devant mes yeux, ensemble, ils s'exposent. Le réel, ici, n'est pas discutable, et il excède de façon manifeste la capacité numérique.

Les nombres rationnels ne disent plus le monde

Terrible remise en cause. La théorie faillit à dire ce qui est. C'est la crise! Ces grandeurs géométriques, échappant à la numéricité, sont désignées comme *alogon*, les «inexprimables». Il n'y a pas de «mots» numériques pour les dire.

Telle longueur dont le carré est 2, aucun nombre ne peut la représenter.

Soit. Mais elle s'impose. Afin de reconstruire l'édifice ébranlé, les Grecs développèrent

a $\quad$ c

$a^2 + b^2 = c^2$

b

une théorie interne concernant les seules grandeurs géométriques. Ils établirent des proportions entre les grandeurs mais refusèrent de les nommer *nombres*.

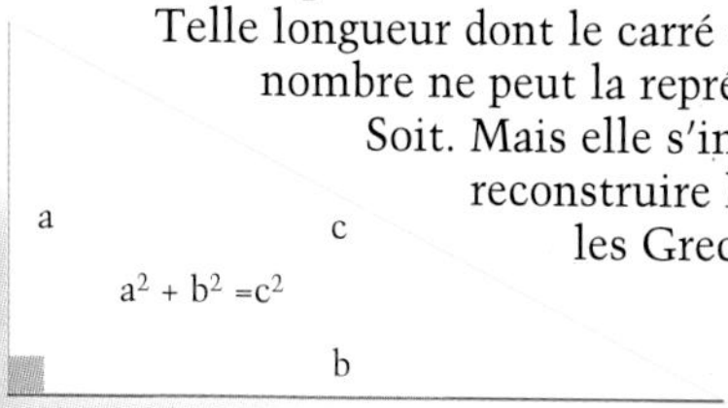

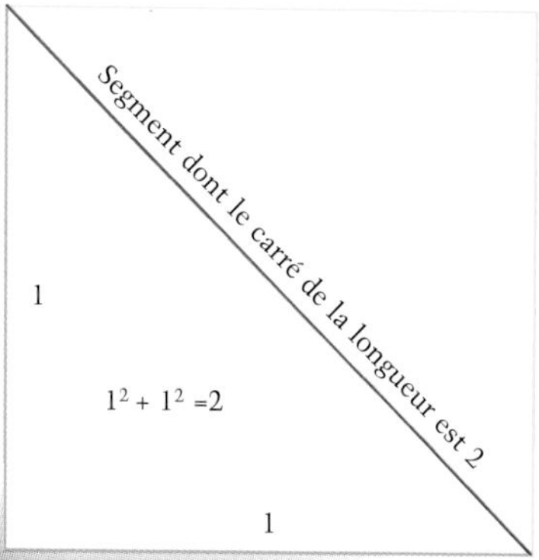

Il faudra attendre près de deux millénaires pour que, par la voie royale d'une définition, ces êtres intègrent l'empire des nombres. Celui dont le carré est 2, et par qui tout avait commencé, refusant d'entretenir un «rapport rationnel» avec l'unité, sera le *nombre irrationnel* «racine carrée de 2» $\sqrt{2}$.

L'irrationalité de $\sqrt{2}$ est démontrée par l'absurde, en utilisant les propriétés de parité des naturels :
Tout rationnel peut être représenté par une fraction irréductible $\frac{a}{b}$ (a et b n'ont pas de diviseur commun; ils ne peuvent donc être simultanément pairs). Supposons qu'il existe un rationnel $\frac{a}{b}$ dont le carré est 2 :
$\frac{a^2}{b^2} = 2$ donc $a^2 = 2b^2$, ou encore, a^2 est pair, ce qui signifie que a l'est aussi, puisque seul un entier pair peut avoir un carré pair.
Si a est pair, on peut écrire $a = 2c$, soit, en remplaçant ci-dessus, $(2c)^2 = 2b^2$, donc $4c^2 = 2b^2$, ou, en simplifiant par 2, $2c^2 = b^2$. Ce qui signifie que b est pair lui aussi. Contradiction!

Segment dont le carré de la longueur est 2

1

$1^2 + 1^2 = 2$

1

car a et b, par hypothèse, ne peuvent être pairs simultanément.

Le déroulement de la musique dans le temps est régi par la mesure. Une phrase de musique a une longueur mesurable. Au début de chaque portée, une fraction signifie, en numérateur, le nombre de temps entre deux barres de mesures, en dénominateur, la valeur unitaire du temps. Ainsi, la ronde s'écrit 1, la blanche 2, la noire 4, etc. Chaque valeur de temps se divisant par deux (1 ronde = 2 blanches = 4 noires, etc.), une mesure à 4/4 signifie par exemple que la base sera 4 noires; à 3/4, 3 noires; à 6/8, 6 croches; etc. Au sein de chaque mesure, l'organisation du rythme est variable. Ainsi, dans ce canon de Bach (en haut) à 4/4 (ou C) trouve-t-on à la première mesure 2 croches, 1 blanche et 1 noire (4 temps), à la deuxième une croche, 2 doubles croches, 1 blanche, 1 noire (4 temps), etc. Certains développements rythmiques n'utilisent pas la mesure : c'est le cas de partitions contemporaines (à gauche) pour lesquelles l'unité rythmique est une pulsation donnée (par exemple 1 noire = 160). A l'époque baroque (en bas, Louis Couperin), les partitions «non mesurées» sont fréquentes : tout en laissant à l'interprète une grande liberté, le jeu rythmique obéit à des codes très précis.

Les décimaux, nombres à virgule

On peut présenter un rationnel autrement que
sous la forme fractionnaire, les nombres avec virgule.
Ainsi 1/2 s'écrit 0,5; et 0,3333... représente 1/3.

C'est au cours du
XVe siècle que l'écriture
décimale des nombres
a été définitivement
élaborée par le
mathématicien persan
al-Kashi, directeur
de l'observatoire de
Samarcande, dans
son *Miftah al-hisab*,
la clé de l'arithmétique.
En Occident, c'est
à Simon Stevin, que l'on
doit l'utilisation
généralisée des
décimaux, qu'il expose
dans *La Disme* (1585).
Les nombres rationnels
ont une propriété
remarquable,
ils admettent un
développement décimal périodique : la division
du numérateur par le dénominateur fait apparaître
les mêmes chiffres dans le même ordre. L'intérêt
d'une période est qu'«immédiatement après la fin
de la période, ça recommence exactement comme
au début». Au bout d'un certain temps, donc,
les décimales d'un rationnel sont prévisibles.
Nul besoin d'effectuer le calcul pour les connaître.

Il n'en est pas de même pour les irrationnels :
là, aucune décimale n'est prévisible. Pour la connaître,
il faut l'atteindre par le calcul après avoir déterminé
toutes celles qui la précèdent. Aucun nombre
irrationnel ne peut s'écrire avec un développement
décimal périodique. Ainsi, outre la difficulté
de représenter un irrationnel par une suite de chiffres,
cette impossibilité marque bien la différence
fondamentale entre rationnels et irrationnels.

Donne
que) 9413
deſſus les
les meſme.
27 ⊙ 8 ①
27 $\frac{8}{10}$, $\frac{4}{10}$
raiſon les ₃
8,75 ⊙ 7 (
nombres,c
enſemble (
mais autan

En 952, le
mathématicien
arabe al-Uqlidsi
écrivait : « A l'aide du
principe que la moitié
de "un" est un nombre,
on peut remplacer
"un demi" par 0,5. »
En 1427, al-Kashi
(manuscrit à gauche)
définit les fractions
décimales, dont il
propose une notation
simple, et établit les
règles du calcul avec
les nombres décimaux :
détermination de
l'emplacement de la
virgule. En Occident
chrétien, ces fractions
ont été connues
comme les «fractions
des Turcs».

me (par le 1 probleme de l'Arithmeti-
qui font (ce que demonstrent les signes
bres) 941 ⓪ 3 ① 0 ② 4 ③. Ie di, que
t la somme requise. *Demonstration.* Les
7 ③ donnez, font (par la 3e definition)
7/000, ensemble 27 $\frac{847}{1000}$, & par mesme
6 ① 7 ② 5 ③ vallent 37 $\frac{675}{1000}$, & les
② 4 ③ feront 875 $\frac{782}{1000}$, lesquels trois
c 27 $\frac{847}{1000}$, 37 $\frac{675}{1000}$, 875 $\frac{782}{1000}$, font
le 10e probleme de l'Arith.) 941 $\frac{304}{1000}$,
t aussi la somme 941 ⓪ 3 ① 0 ② 4 ③,

Les nombres réels disent la continuité

Pour passer outre à l'incapacité
des rationnels à représenter toutes
les mesures de grandeurs, on étendit
le champ des nombres. Dès le
IXe siècle, le philosophe arabe
al-Fârâbî généralisa le concept
de nombre aux rationnels et aux
irrationnels positifs. Deux siècles
plus tard, le mathématicien-poète
Omar Khayyâm établit une théorie
générale du nombre.

Aux rationnels, il ajouta
des éléments, afin que toutes les
grandeurs puissent être mesurées.
Mais il y a une difficulté : le passage

des rationnels à ces nouveaux êtres ne peut
s'accomplir par les opérations du calcul usuel
(soustraction, division) comme ç'avait été le cas
pour les extensions précédentes. La raison?
Entre les rationnels et les réels, il y a une différence
capitale : la continuité.

Une bonne idée des réels est donnée par
cette figure : un axe orienté sur lequel on définit
une origine, le point 0, et une unité : la *droite réelle*.

La continuité des réels peut être intuitivement
appréhendée par le fait qu'ils remplissent
entièrement la droite réelle, ils la comblent,
ne laissant aucun «trou». A tout point *A* de la droite
réelle correspond un et un seul nombre réel, *a*,
et réciproquement. Le signe (+ ou −) est chargé
d'indiquer la direction sur l'axe, le nombre
(sans son signe) la longueur. Ainsi, à la diagonale
du carré de côté 1, correspondra un nombre réel, qui
est sa mesure : $+\sqrt{2}$. De même, pour la circonférence
du cercle de diamètre 1, ce sera le nombre π.

Ce n'est qu'à la fin du XIXe siècle que l'on a pu
formaliser l'idée de continuité, et que l'on a donné
une définition satisfaisante de l'ensemble des réels.

Les équations, grandes pourvoyeuses de nombres

Comment produire de nouveaux nombres?
En utilisant des équations. Un nombre est vu
comme solution possible d'un type donné
d'équations. Le naturel 4, par exemple, est la solution
de l'équation : $x - 4 = 0$.

Et l'équation $x + 4 = 0$, quelles sont ses solutions?

Page précédente,
extraits de *La Disme* de Stevin (en haut) et du *Triparty en la science des nombres* (1484) du savant Nicolas Chuquet, dans lequel, entre autres choses, il étudie les nombres irrationnels.

L'algèbre, discipline mathématique dont l'objet est la théorie des équations est née au IXe siècle à Bagdad. Le mot et la chose apparaissent pour la première fois dans l'ouvrage d'al-Khuwârizmî (825) : *Kitab al jabr i al muqabala*, littéralement «traité du rabboutage et de la mise face à face». Au fil des traductions, l'*al jabr* est devenu l'algèbre. Préfigurée par le Grec Diophante (IVe siècle), elle s'est développée durant plus de six siècles dans le monde arabe, pour renaître au XVIe siècle avec les mathématiciens italiens : Tartaglia, Cardan, etc.

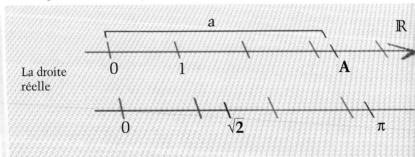

La droite réelle

Cela dépend. Si l'on restreint la recherche aux naturels, elle n'en a pas. Si, en revanche, on veut que cette équation ait tout de même une solution, on doit agrandir le champ des possibles en construisant de nouveaux nombres. Partant de $\mathbb{N}$, on effectue une «extension». On produit ainsi un nouvel être mathématique, l'entier «–4», lié au naturel 4 par la relation : $4 + (-4) = 0$. Les entiers négatifs étant ainsi définis comme l'ensemble des solutions de toutes les équations du type $x + n = 0$, n étant un naturel.

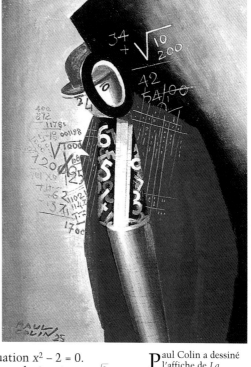

Dans la même optique, le nombre irrationnel «$\sqrt{2}$» est vu comme l'une des deux solutions de l'équation $x^2 - 2 = 0$. En effet $(\sqrt{2})^2 - 2 = 0$. L'autre solution étant $-\sqrt{2}$; en effet $(-\sqrt{2})^2$ est lui aussi égal à 2.

L'impossible carré négatif

En poursuivant, on peut se demander quelles sont les solutions de l'équation $x^2 + 1 = 0$? Si elle en a, ce doit être un nombre dont le carré est égal à –1. Or, le carré de tout réel est positif. L'équation $x^2 + 1 = 0$ n'admet donc pas de solutions dans $\mathbb{R}$. Si l'on veut qu'elle en ait une malgré tout, il faut inventer de nouveaux nombres, dont le carré soit négatif. Quelle réalité de tels êtres peuvent-ils avoir?

Paul Colin a dessiné l'affiche de *La Machine à calculer*, pièce d'Elmer Rice (ci-dessus). Licencié après 25 ans de bons et loyaux services, un comptable est remplacé par une machine à calculer. Il en perd l'esprit et ira jusqu'à commettre un meurtre. C'était en 1927. Aujourd'hui, avec l'épidémie des calculettes, ce sont les techniques opératoires qui se perdent. Qui sait encore extraire une racine carrée à la main?

En mathématiques, on peut toujours définir de nouveaux êtres. A une condition : que leur arrivée, c'est-à-dire leur existence comme êtres mathématiques, soit une co-existence. Elle ne doit pas mettre en péril l'existence des êtres déjà là, ainsi que les résultats établis. Dans le cas contraire, elle introduirait une contradiction fatale, qui aurait pour effet d'anéantir l'édifice entier.

On va ajouter aux réels des nombres inédits, fabriqués tout exprès pour avoir un carré négatif! Pour ce faire, on adjoint aux réels un nouvel être : i, «i» comme imaginaire. Puis on définit des opérations $(+, -, \times...)$ afin de pouvoir calculer. Par exemple $i + i = 2 \times i$, et surtout ceci : $i^2 = -1$. Qui est i? C'est, répond, Leibniz, «la racine imaginaire de l'unité négative». Le voilà l'être dont

le carré est égal à –1. N'étant pas un réel, sa présence ne contredit aucune loi établie dans l'univers des réels. Les mathématiciens posent que cet être est un nombre.

Une partie réelle, une partie imaginaire

A la suite de i, on a créé les *nombres complexes* qui forment l'ensemble $\mathbb{C}$. A partir de tout couple

Ci-dessus, *Quite Square* du peintre lettriste Jean-Louis Brau. Isidore Isou, fondateur du lettrisme, écrivit en 1968, une «Introduction aux mathématiques des nombres vagues (mous).»

de réels a, b, on définit le nombre complexe z,
$z = a + ib$, a est la partie réelle, b, la partie imaginaire
de z. Les réels deviennent des complexes particuliers,
ceux dont la partie imaginaire, b, est nulle.
Quant aux complexes dont la partie réelle, a,
est nulle, ce sont des imaginaires purs : $z = ia$.
Le carré d'un imaginaire pur est négatif :
$(ia)^2 = i^2 a^2 = (-1) \times a^2 = -a^2$.

De la main droite, le franciscain Luca Paccioli fait de la géométrie, de la gauche de l'arithmétique. Sa *Summa arithmetica* (1494) rassemble le savoir mathématique de son temps.

$$\Phi = \sqrt{1+\sqrt{1+\sqrt{1}}\ldots}$$

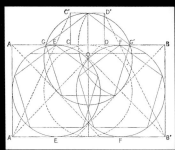

$$\Phi = 1 + \cfrac{1}{1 + \cfrac{1}{1 + \cfrac{1}{1 + \ldots}}}$$

L'harmonie se dit en nombres. Que ce soit dans l'espace pictural ou architectural – ou dans la sphère sonore –, on a tenté d'exprimer l'harmonie dans le langage du nombre. Le beau, dans sa version visuelle, serait niché dans un nombre merveilleux : le nombre d'or, $\Phi = \frac{1+\sqrt{5}}{2}$, l'une des deux racines de l'équation $x^2 - x - 1 = 0$, dont la valeur décimale habituellement utilisée est 1,618. On veut le voir partout, depuis les pyramides égyptiennes ou l'architecture grecque, jusqu'à Raphaël ou Léonard de Vinci, de Poussin à Cézanne ou à Le Corbusier (ci-contre, *La Descente de croix* de Rogier van der Weyden, XVe siècle). Il reste que ce nombre est plein de ressources; on peut en donner de multiples représentations, c'est-à-dire qu'il est apte à représenter de multiples phénomènes. Cette multiplicité en fait un nombre remarquable et explique l'engouement qu'il déchaîne. Trois points A, B, C alignés forment une *section dorée* s'il y a de la petite partie à la grande le même rapport que de la grande au tout.

Chaque réel positif *a* a son «correspondant» négatif –*a*. A présent chaque réel *a* aura son correspondant imaginaire : i*a*. Nous voici dotés d'autant de nombres dont le carré est positif que de nombres dont le carré est négatif.

Le chemin a été long, trois siècles, pour faire advenir à l'existence mathématique ces nouveaux

❝Oubliez les tortures mentales que cela va vous faire subir et introduisez ces quantités [les racines négatives] dans l'équation.❞
Jérôme Cardan
[ci-dessus, les imaginaires vus par Yves Tanguy]

nombres. En 1545, Jérôme Cardan a, le premier, transgressé l'interdit en écrivant une racine négative : $\sqrt{-15}$. C'était certes pour affirmer qu'il s'agissait de la racine impossible d'une équation, mais, ce faisant, il ouvrait la voie. En 1777, Leonhard Euler introduisit le symbole i à la place du sulfureux $\sqrt{-1}$, également adopté par Gauss. Ils suivaient la voie ouverte par l'italien Raffaele Bombelli qui, en 1672, parle d'un *piu di meno*, l'ancêtre de i, dont il présente l'utilisation dans une comptine : «*piu di meno via piu di meno fa meno*» – règle similaire à : «*i* fois *i* est négatif».

Le plan complexe

Un Danois, Caspar Wessel, en 1797, et un Genevois, Robert Argand, en 1806, proposèrent, chacun de leur côté, une représentation graphique des nombres complexes. De la même façon que les réels ont été représentés par la droite réelle, les complexes le seront par le plan complexe. Un nombre complexe étant la donnée de deux réels, il est cohérent que pour le représenter, on passe de la droite, objet à une dimension, au plan, qui en a deux.

Confinée jusqu'alors dans les limites de la droite réelle, la notion de direction, va être généralisée au plan. Il n'y aura plus seulement une direction, mais une infinité.

Le nombre complexe $z = a+ib$ est représenté par un vecteur. Cette conception est d'une grande portée :

Chaque nombre complexe (a,b) est représenté par le point M correspondant du plan complexe. Le nombre i n'est pas situé sur l'axe des réels, il est localisé sur l'autre axe, à une distance d'une unité de l'origine. Il est représenté par le couple $(0,1)$. Si l'on veut calculer avec les nombres complexes, il faut définir les principales opérations, l'addition et la multiplication :
$(a,b) + (c,d) = (a+c,b+d)$
$(a,b)(c,d) =$
$(ac-bd, ad+bc)$.
En élevant le nombre i au carré, on trouve : $i^2=(0,1)\times(0,1)$, c'est-à-dire $(-1,0)$, suivant la définition de la multiplication. Or $(-1,0)$ est le nombre réel -1. La boucle est bouclée! Le formalisme créé permet de retrouver par le calcul l'idée intuitive de départ concernant cet être imaginaire dont le carré est négatif.

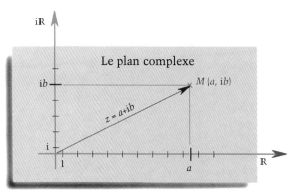

Le plan complexe

iR

ib — $M(a, ib)$

$z = a+ib$

i

1 — a — $\mathbb{R}$

elle combine l'idée de grandeur avec celle de direction. Elle ouvre aux nombres complexes un gigantesque champ d'application. En particulier, en physique, les nombres complexes sont utilisés depuis des décennies, pour les calculs en électricité.

Ce qui, en revanche, est perdu, c'est la possibilité de comparer deux nombres. Deux réels sont toujours comparables, l'un est forcément plus grand que l'autre, ou bien égal. Ceci n'est plus vrai avec les complexes. Deux complexes z et z' peuvent être tels que z ne soit ni plus grand, ni plus petit, ni égal à z'; ils sont tout simplement incomparables.

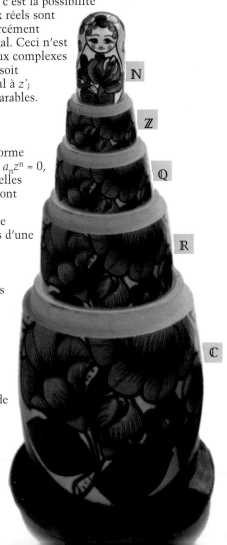

Aux nombres complexes, les mathématiciens reconnaissants

Envisageons les équations de la forme suivante : $a_0 + a_1 z + a_2 z^2 + a_3 z^3 \ldots a_n z^n = 0$, que l'on appelle *polynomiales*. Celles dont les coefficients a_0, $a_1, \ldots a_n$ sont des rationnels «produisent» un ensemble de nombres : l'ensemble des nombres complexes solutions d'une de ces équations. On les appelle les nombres *algébriques*. $\sqrt{2}$ est algébrique (solution de $x^2 - 2 = 0$). Des nombres complexes non réels le sont également; par exemple, i (solution de $x^2 + 1 = 0$). Les nombres complexes qui ne sont solution d'aucune équation du type précédent sont dits *transcendants*.

Les mathématiciens ont pour les nombres complexes une grande reconnaissance; ils leur doivent un des plus beaux théorèmes des mathématiques qu'ils nomment le Grand Théorème de l'Algèbre : toute équation polynomiale de degré n admet n racines complexes exactement. Elle admet autant de racines que le degré de l'équation; on ne peut trouver résultat plus simple et réconfortant, concernant le nombre de racines. Par exemple, le théorème affirme que toute équation du deuxième degré, non seulement a des solutions, mais en a toujours deux.

Depuis les complexes, d'autres nombres sont nés

L'empire des nombres n'est pas prêt d'être refermé. Dès 1843, William Rowan Hamilton, qui venait de définir les nombres complexes, créa des nombres hypercomplexes, les *quaternions*. Généralisation des complexes, ces nouveaux nombres sont définis par quatre réels, alors que les complexes le sont par deux seulement.

Puis ce fut au tour de Kurt Hensel, en 1902, de créer les *nombres p-adiques*, qui permettent de compléter les rationnels d'une façon différente de celle utilisée pour définir les réels. Les nombres p-adiques ont été utilisés pour démontrer le théorème de Fermat.

Autour de Pi

Un autre «rapport» entre grandeurs a posé de difficiles problèmes aux mathématiciens. Depuis la plus haute Antiquité, les calculateurs se sont aperçus que tous les cercles avaient quelque chose en commun : leur diamètre et leur circonférence entretenaient le même rapport. Ce lien peut-il être représenté par un nombre (rationnel)? Autrement dit, peut-on connaître exactement ce rapport entre deux longueurs, ou bien, doit-on se contenter

Ci-dessous, la formule, avec $a \neq 0$:
$$x = \frac{-b \pm \sqrt{b^2 - 4ac}}{2a}$$
donnant les deux solutions en nombres réels – quand elles existent – de l'équation du second degré :
$$ax^2 + bx + c = 0.$$
Les mathématiciens n'ont eu de cesse de trouver de semblables formules pour les équations de degrés supérieurs, afin d'en calculer les racines à l'aide des opérations traditionnelles de l'algèbre. Deux très jeunes mathématiciens, le Norvégien Niels Abel, en 1826, et le Français Evariste Galois (ci-dessus), en 1832, démontrèrent, chacun de leur côté, que pour les degrés supérieurs ou égaux à 5, on ne pouvait trouver de telles formules. Ils réglaient définitivement une question qui occupait les esprits depuis plusieurs siècles.

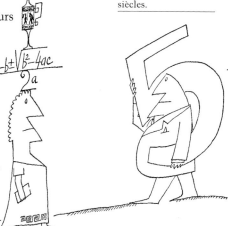

d'en donner des approximations? Et dans ce cas, peut-on en donner des approximations toujours meilleures?

Ce n'est qu'au cours du XVIIᵉ siècle que ce rapport est devenu un nombre; c'est alors qu'il a été dénommé le «nombre π», de *periphereia*, nom que les Grecs donnaient à la circonférence d'un cercle.

Pour les Juifs de l'Ancien Testament, 2 000 ans avant l'ère chrétienne, la circonférence est le triple du diamètre. L'un des plus anciens textes mathématiques, le Papyrus de Rhind (1 700 ans avant notre ère), met en scène le scribe Ahmes confronté à l'évaluation de l'aire d'un cercle inscrit dans un carré. La valeur proposée, conversion faite, est $(16/9)^2$: 3,16049...

En 120 de notre ère, le mathématicien chinois Chang Hing parviendra au rapport 142/45 (3,15555...).

$c/d = \pi$

Archimède, au IIIᵉ siècle av. J.-C., avait offert non pas une valeur mais une suite d'encadrements; ce procédé lui avait permis de «coincer» ce rapport entre deux fractions. «Pour tout cercle, écrit-il, le périmètre dépasse le triple du diamètre de moins d'un septième, mais de plus de dix soixante et onzièmes.» Ce qui veut dire que le rapport cherché est compris entre 3 +10/71 et 3 + 1/7. Or 3 + 1/7, c'est le fameux 22/7, fraction bien connue à l'école avant les calculettes.

En Inde, le mathématicien Aryabhatta, vers 500, proposa 62 832/20 000 (3,1416). Un millénaire plus tard, ce fut la découverte de jolies formules permettant d'exprimer le nombre π.

John Wallis, jouant sur le doublement des pairs et des impairs, proposa une étrange fraction :

Plutarque a décrit trois morts d'Archimède lors de la prise de Syracuse par les troupes de Marcellus. Voici l'une d'elles, peinte par Thomas Degeorge.

Quelques premières décimales de π (à droite). Remarquez – si vous en avez la patience – qu'il n'y a pas trace de périodicité dans leur occurrence.

$$\frac{\pi}{2} = \frac{2\times2\times4\times4\times6\times6\times8\times8\times...}{3\times3\times5\times5\times7\times7\times9\times9\times...}$$

Leibniz lui, mit en jeu les seuls impairs dans une alternance d'additions et de soustractions :

$$\frac{\pi}{4} = 1 - 1/3 + 1/5 - 1/7 + 1/9 - ...$$

Dernièrement, deux mathématiciens, Tamara et Kanada, ont mis au point une méthode pour calculer les 16 premiers millions de décimales de π!

L'impossible quadrature du cercle

Autant il avait été... facile de démontrer que
le rapport entre le côté d'un carré et sa diagonale
ne pouvait être représenté par un nombre
rationnel, autant il fut difficile
de démontrer qu'il en était de même
pour le second. Il a fallu attendre
la deuxième moitié du XVIIIᵉ siècle,
pour que le mathématicien Johan
Heinrich Lambert établisse
l'irrationalité de π.
Après ce résultat,
plus question d'espérer
présenter π comme une fraction,
et donc d'en exhiber un
développement décimal périodique.

   Un siècle plus tard, en 1882, Ferdinand
von Lindemann établira que π est un nombre
transcendant. Ce résultat règle définitivement
une des plus vieilles questions des
mathématiques, la bimillénaire quadrature
du cercle. Peut-on construire, avec la règle
et le compas, un carré qui ait la même aire
qu'un cercle donné? Les innombrables
tentatives pour exhiber une telle
construction s'étaient toutes soldées
par un échec. Pourquoi? Aucun nombre
transcendant ne peut être construit
à l'aide de la règle et du compas. La quadrature
du cercle est démontrée impossible.

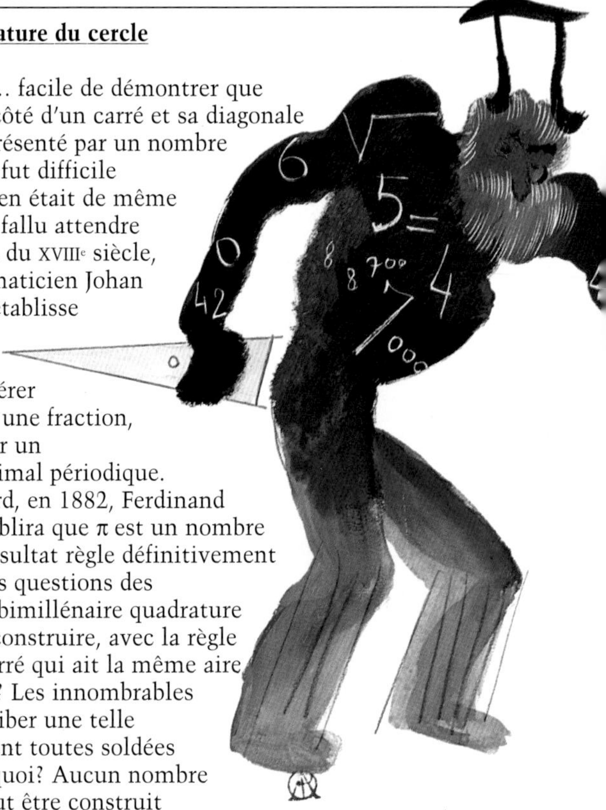

De l'autre côté du miroir

Poussés par la nécessité, des mathématiciens ont osé
écrire et faire des choses non permises. Ils ont dû
pour cela sortir de l'univers des mathématiques
de leur temps. On peut aller de l'autre côté du miroir,
dans les négatifs, les irrationnels, les imaginaires,
pourvu qu'on en revienne!

   Mais il n'y a pas de pure écriture, c'est aussi vrai
en poésie et en littérature qu'en mathématique.
Ecrire l'«impossible» c'est se poser autrement la
question de son existence. C'est ouvrir le champ

Projet de costume
de Paul Colin
(1939) pour *L'Enfant
et les Sortilèges*
de Maurice Ravel
(ci-dessus).

«Résoudre la
quadrature du
cercle» : l'expression
est entrée dans la
langue courante pour
qualifier les tentatives
vouées à l'échec de qui
s'obstine à vouloir
réaliser quelque chose
d'impossible.

HISTOIRE
DES RECHERCHES
SUR LA
QUADRATURE
DU CERCLE;

Ouvrage propre à inftruire des découvertes réelles faites fur ce problème célé-
bre, & à fervir de préfervatif. conrre
de nouveaux efforts pour le réfoudre :

*Avec une Addition concernant les problémes
de la duplication du cube & de la trifec-
tion de l'angle.*

L'ouvrage de Montucla (titre ci-contre), un des premiers historiens modernes des mathématiques, présente les tentatives de solutions les plus intéressantes proposées jusqu'à la fin du XVIIIe siècle.

La quadrature du cercle, la trisection de l'angle (division d'un angle en trois parties) et la duplication du cube (détermination d'un cube dont le volume est le double d'un cube donné) ont été les trois problèmes phares des mathématiciens grecs de l'Antiquité (ci-dessous la quadrature du cercle selon Euclide). Aucun des trois problèmes n'a été résolu. Ils étaient tous trois impossibles. Mais les Grecs ne le savaient pas.

aux tentatives de le légitimer ;
en mathématiques,
c'est élaborer une théorie
dans laquelle cette écriture
représentera un objet défini.
  Absurdes, rompus,
irrationnels, impossibles,
imaginaires, réels,
complexes, transcendants,
transfinis, surréels, etc.
Autant de qualificatifs
qui en disent long sur le
rapport que les hommes
n'ont cessé d'entretenir
avec ceci qu'ils ont
à chaque époque tenu
à nommer nombre.

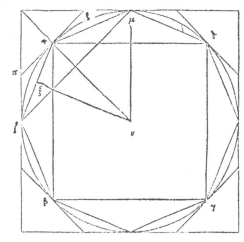

Un, zéro, infini, tel est le triptyque sur lequel repose tout entier l'empire des nombres. Le nombre zéro a été créé au Ve siècle en Inde. Le nombre infini n'a, lui, été mathématiquement défini qu'à la fin du XIXe siècle.
Le zéro est unique, l'infini multiple. En mathématiques il n'y a qu'une façon d'être nul et une «infinité» de possibilités d'être infini. «Je ne vois pas ce qui pourrait nous retenir dans cette activité créatrice de nouveaux nombres», avertit Georg Cantor, le créateur de ces infinis.

CHAPITRE VI
LE ZÉRO ET LES INFINIS

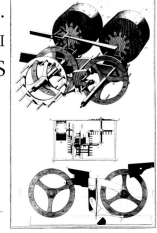

Il a fallu plusieurs milliers d'années pour que la pure absence et l'inépuisable soient «pris en compte», et que, dans l'empire des nombres, on passe de l'Un à ces autres. A gauche, le zéro du peintre américain Jasper Johns.

Le un, matière première de la multiplicité

Alors que la plupart des systèmes de nombres
ne possèdent pas de zéro, alors que tous, sauf un,
n'ont pas le moindre infini, aucun n'a pu se passer
du un. Sans lui, pas de nombre; s'il y a de
l'universalité dans la numéricité, elle est en lui.

Tout commença par l'existence : une chose existe
si elle est et elle n'est que si elle est une.
«Est unité ce selon quoi chacune des choses
existantes est dite une», pose Euclide pour première
définition de l'*Arithmétique* de ses *Eléments*.

Puis vint la pluralité, qui s'offre sous deux visages.
Quand elle n'a pas de limite, elle est *plêthos*,
et n'est pas objet d'un savoir particulier; si elle a
une limite, elle est nombre, *arithmos*, dont la
connaissance constitue l'arithmétique.
«Un nombre est la multitude composée d'unités»,
pose Euclide pour deuxième définition.

Dans son itération épuisante,
le un désigna au passage quelques
nombres : le dix, le douze,
le cinq, le vingt et le soixante,
pour en faire des bases,
des unités d'ordre supérieur
qui allaient le soulager dans les
opérations de dénombrement.

Pour les Grecs de l'Antiquité,
le un n'était pas un nombre, mais
ce par quoi le nombre est.
Incontournable matière première
à faire de la multiplicité, il resta
longtemps campé dans une
opposition duelle avec la pluralité.
Ce n'est que plus tard que,
perdant son absolue singularité,
il devint un nombre, le premier.

Le zéro, une histoire en trois étapes et en trois lieux

«Tant que l'on a cherché le nombre dans
l'objet, la suite des nombres a commencé par 1,
écrit le psychologue Jean Piaget. Faire du zéro le

❝ L'idée que chacun se
fait du nombre «un»,
quelle qu'elle soit, doit
être soigneusement
distinguée du nombre
«un», comme les idées
de la lune doivent être
distinguées de la lune
elle-même. **❞**
Gottlob Frege,
*Les Lois de base
de l'arithmétique*, 1893

Pour beaucoup
de penseurs grecs,
le «un» n'était pas un
nombre, il était
présence, existence.
Le nombre, lui,
commençait avec
«plus d'un».
Ci-dessous, le «I»
dessiné par Erté.

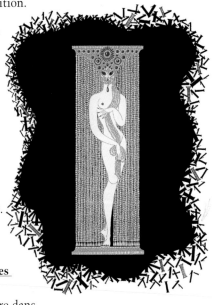

premier des nombres, c'est au contraire renoncer à abstraire ceux-ci de l'objet.» Long chemin que celui emprunté par le zéro. Pour devenir ce nombre que nous

Justo González Bravo, *Sans Titre*, (ci-dessus).

connaissons aujourd'hui, il lui a fallu franchir trois étapes : signe de marquage, chiffre, et enfin nombre.

Le zéro opérateur. C'est un signe, qui n'est pas un chiffre. Placé à la suite d'un nombre, il le multiplie (par dix, si le calcul se fait en base dix). Le nombre 123 suivi du signe 0 produit le nombre $123 \times 10 = 1230$.

Le zéro chiffre. Dans les dispositifs figurés en colonnes – barres verticales tracées les unes à côté des autres – s'appuyant sur le principe de position, un nombre est représenté par un des neuf chiffres placé dans les différentes colonnes, pour signifier la quantité d'unités, de dizaines, de centaines, etc. qui entrent dans la composition du nombre.

Dans le cas où une puissance de la base n'intervient pas, la colonne correspondante reste inoccupée. Cette absence de chiffre, on eut l'idée de la représenter par un signe graphique. Toute colonne vide étant, comme les autres, occupée par un signe – le zéro, faisant office de séparateur –, on put sans dommage supprimer les barres de séparation. Le dispositif matériel disparu, il resta une écriture. Le signe représentant l'absence d'unités, de dizaines, ou de centaines, etc. était devenu un chiffre comme les autres : la dixième unité!

Le zéro nombre, le nombre nul. Les chiffres de un à neuf sont aussi des nombres, pourquoi pas le zéro? Un nouveau nombre demande une définition, le nombre nul sera défini comme le résultat de la soustraction d'un entier quelconque d'avec lui-même : la différence du même au même : $0 = n - n$.

D'un tracé aisé, un simple rond fait l'affaire. Sur les bancs des écoles, le zéro a mauvaise presse. Du côté des élèves, c'est *le* nombre difficile. Jusqu'à six ans et demi, un quart des enfants écrivent : $0 + 0 + 0 = 3$; jusqu'à huit ans et demi, une moitié d'entre eux écrivent : $0 \times 4 = 4$. Du côté des maîtres, rageusement inscrit sur la copie défaillante et plusieurs fois souligné, souvent accompagné d'un «Nul!!!» dans la marge, il est la note éliminatoire, celle en dessous de laquelle même les meilleurs cancres, malgré leurs efforts, ne parviennent pas à passer. A droite, le 0 en 3D de Miguel Chevalier.

De l'état de chiffre, signe permettant d'écrire les nombres, le zéro était passé à celui de nombre, c'est-à-dire d'acteur des différentes opérations de l'arithmétique. Alors seulement il a pu entrer dans le grand jeu calculatoire. Addition, soustraction, multiplication, élévation à une puissance. Totalement impuissant dans l'addition, $n + 0 = n$; il est en revanche tout puissant dans la multiplication $n \times 0 = 0$. Quant à l'élévation à la puissance : si a est différent de 0, $a^0 = 1$. Mais attention à la division! On ne divise pas par 0, c'est l'interdit suprême.

Les trois zéros de l'histoire : babylonien, maya, indien

Le premier zéro est sans conteste le zéro babylonien; il est antérieur au IIIe siècle avant notre ère. Alors qu'ils figuraient les chiffres représentant les différentes unités par des chevrons verticaux ou horizontaux, les scribes babyloniens conçurent un signe se présentant comme un double chevron incliné. Signe de séparation dans l'écriture des nombres, il est un véritable chiffre zéro.

Dans certaines utilisations spécifiques, en astronomie par exemple, ce même signe, élargissant ses fonctions, fut utilisé comme zéro opérateur;

on le retrouve en position initiale ou terminale de l'écriture de nombres, particulièrement dans l'écriture des fractions sexagésimales. A aucun moment, cependant, ce zéro n'a été utilisé comme nombre.

Les savants astronomes mayas mirent au point, au cours du Ier millénaire de notre ère, une efficace numération de position, en base 20, dans laquelle les nombres sont représentés par des assemblages de points et de traits suivant une disposition verticale. Un signe graphique particulier, un ovale horizontal, figurant une coquille d'escargot, un glyphe, joue le rôle de signe séparateur efficace et permet l'écriture sans ambiguïté des nombres. Bien qu'il n'ait pas acquis de puissance opératoire, soit comme signe opérateur et encore moins comme nombre, il reste une remarquable invention.

Du vide au rien : le passage de la position vide à la quantité nulle

C'est aux Indiens que l'on doit d'avoir inventé le zéro, si l'on peut dire, «complet» avec ses trois fonctions. Sa présence est attestée dès le Ve siècle de notre ère.

Sunya c'est le nom de la marque du vide en langue indienne; ainsi la première figuration du zéro fut un petit cercle, *sunya*, le vide. Traduit en arabe cela devient *sifr*, traduit en latin, *zephirum*, qui donna *zephiro*, zéro. Ainsi, dans de nombreuses langues, le dernier venu parmi les chiffres, le *sifr*, a offert son nom à la collection entière des chiffres.

Le vide est une catégorie spatiale, bien que, justement, il soit si difficile à localiser. Dans la création du zéro chiffre, désigner la place vide dans une colonne par un signe, c'est, passant de la négation à l'affirmation, oser signifier une absence par une présence.

«Le zéro indien a signifié le vide ou l'absence, mais aussi l'espace, le firmament, la voûte céleste, l'atmosphère et l'éther, ainsi que le rien, la quantité négligeable, l'élément insignifiant.»
Georges Ifrah

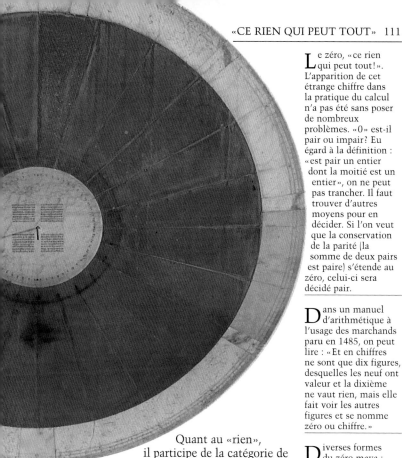

Le zéro, «ce rien qui peut tout!». L'apparition de cet étrange chiffre dans la pratique du calcul n'a pas été sans poser de nombreux problèmes. «0» est-il pair ou impair? Eu égard à la définition : «est pair un entier dont la moitié est un entier», on ne peut pas trancher. Il faut trouver d'autres moyens pour en décider. Si l'on veut que la conservation de la parité (la somme de deux pairs est paire) s'étende au zéro, celui-ci sera décidé pair.

Dans un manuel d'arithmétique à l'usage des marchands paru en 1485, on peut lire : «Et en chiffres ne sont que dix figures, desquelles les neuf ont valeur et la dixième ne vaut rien, mais elle fait voir les autres figures et se nomme zéro ou chiffre.»

Quant au «rien», il participe de la catégorie de l'existence. La création du zéro nombre opère une synthèse des deux catégories et accomplit une transformation radicale du statut du nombre. «Il n'y a rien» devient avec lui «il y a rien». Passage de

Diverses formes du zéro maya : glyphes représentant, pense-t-on, des coquillages (ci-dessous).

la logique à l'arithmétique, du zéro logique au zéro arithmétique qui est une «valeur». Le trajet qui permit de passer de «il n'y en a pas» à «il y en a zéro» constitue une étape capitale dans l'histoire de la pensée. Combien? zéro!

De l'«apéiron» des anciens Grecs à l'infini potentiel d'Aristote

Les Grecs ont, des siècles durant, par la pensée, sillonné l'*apéiron*, l'«illimité». Un illimité en qui beaucoup virent la vasque de l'infini et qui concernait le temps, l'espace, la génération et la corruption des choses, et les nombres eux-mêmes. Le temps n'a ni commencement ni terme, l'espace est le siège des lignes et surfaces pour lesquelles la division des grandeurs n'a pas de fin; quant aux nombres, qui peut interrompre leur succession?

Quelle fut la thèse d'Aristote? Premièrement, il y a de l'«infini» dans la nature, et cet infini ne peut ressortir qu'à la quantité. Deuxièmement, s'il existe, l'infini doit être défini. Troisièmement, l'infini ne peut être appréhendé comme une totalité, donc il lui est impossible d'exister en acte. En conclusion : l'infini existe, mais ne pouvant exister «en acte», il existera «en puissance».

Un nombre illimité de mondes infinis

Il y eut, en Grèce, sur la question de l'infini, des penseurs moins frileux qu'Aristote : Anaxagore de Clazomènes, Epicure et Lucrèce, par exemple, ou encore l'atomiste Démocrite : «Par le nombre des corps le tout est illimité.» Afin de prévenir les objections et d'étayer cette proposition, le Latin Lucrèce envisage l'hypothèse inverse : la finitude du monde. Pour la combattre, il convoque un archer, l'entraîne à l'extrême bord du monde. Là, il l'invite à lâcher sa flèche. Tandis que l'archer accomplit son geste, Lucrèce demande : «Cette flèche, balancée avec grande vigueur, préfères-tu qu'elle s'en aille vers son but et s'envole au loin, ou es-tu d'avis qu'il peut y avoir un obstacle pour interrompre sa course?» Avant que nous ne répondions, Lucrèce avertit : «Partout où tu placeras l'extrême bord du monde,

Combien de leçons sur les nombres, dans les écoles d'Athènes, à l'Académie de Platon, au Lycée d'Aristote! Ci-dessus, détail de la fresque de Raphaël *L'Ecole d'Athènes* : Platon et Aristote.

je te demanderai ce qu'il
adviendra de la flèche.
Il arrivera que nulle part ne
pourra se dresser de borne et
que, sans cesse, de nouvelles
échappées prolongeront à l'infini
les possibilités de s'enfuir.»

Le génie de Lucrèce va plus loin...
Non content d'avoir posé l'existence
d'un monde illimité, il envisage

l'existence d'un nombre illimité de tels mondes!
Parce que, affirme-t-il, les atomes qui pourraient
fabriquer le monde ne sont pas tous épuisés
ni par un seul, ni par un nombre illimité
de mondes.

Un fini en expansion non limitée

Pendant deux millénaires, l'idée
la plus généralement acceptée en
Occident fut l'idée aristotélicienne
d'un infini en puissance. Pure
virtualité, cet infini, existant
certes, mais uniquement comme
potentialité, n'est jamais atteint
et ne se reconnaît aucun
au-delà. Par son invocation
pourtant, il interdit d'attribuer
à l'espace une finitude.
Un espace doté d'une limite
«repoussable» à l'envi.
On peut tendre vers l'infini
mais on n'a pas la possibilité de
l'atteindre, donc d'y faire halte.
Un infini pensé comme un fini
en expansion non limitée.

C'est la belle formule d'Aristote :
«L'infini se trouve donc être le
contraire de ce qu'on en dit; en effet,
non pas ce en dehors de quoi il n'y a rien,
mais ce en dehors de quoi il y a toujours
quelque chose de nouveau, quant
à la quantité.»

En revanche, l'autre proposition : l'existence
d'un infini en acte, bien que rejetée, continuait
de travailler les esprits. D'autant plus combattue
qu'elle ne cessait d'avoir ses partisans.

Pour interdire l'infini en acte, l'argumentation
était sensiblement celle-ci : étant inachèvement, il
ne peut exister comme une chose «bien définie».
Son existence entraînerait des contradictions
mortelles!... Par exemple, cet infini en acte, étant
nombre, se trouverait tout à la fois pair *et* impair,
divisible *et* indivisible...

Et les infiniments
petits, les «presque
rien», sont-ce des
nombres également?
Ci-dessus, œuvre
de M.C. Escher
Limite circulaire.

Enfin, un infini qui fait nombre

Comment est-on passé de l'infini en puissance, « ∞ », limite vers quoi on tend sans jamais l'atteindre, à l'infini réalisé, le nombre « ℵ »? Aristote avait opté pour la non-existence de l'infini en acte. Vingt-trois siècles plus tard, deux mathématiciens allemands, Richard Dedekind et Georg Cantor, établirent son existence. Mais c'est Cantor, seul, qui prouvera sa non-unicité.

" A concevoir l'infini comme je l'ai fait, j'éprouve un véritable plaisir et je m'y abandonne avec reconnaissance... Et si je redescends vers le fini, je vois avec une clarté et une beauté égales les deux concepts (l'ordinal et le cardinal) ne faire à nouveau qu'un et converger dans le concept de nombre entier fini. "

Georg Cantor

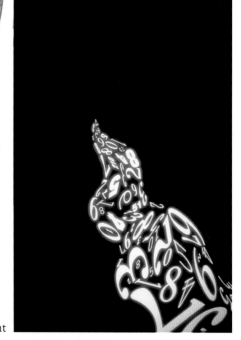

Nature morte de chiffres de différentes tailles (ci-dessous).

Enonçons la phrase capitale, d'où découle presque toute la conception aristotélicienne de l'infini; elle dit l'essentiel du rapport entre le fini et l'infini : «le tout est plus grand que la partie.» Cela sonne comme une évidence! Un tout n'est tel que parce qu'il abrite ses parties. Une partie qui se mesurerait au tout, contestant sa supériorité «englobante», se disqualifierait et, par sa prétention, perdrait sa qualité de partie. Fonctionnant comme un axiome explicite ou non, cette assertion implacable va durablement fermer les portes du nombre à l'infini.

Or, Cantor et Dedekind vont envisager les choses d'une tout autre façon. Pour définir l'infini, ils vont faire des «paires». Cette action d'une désarmante simplicité va, dans leurs mains, se révéler une arme d'une formidable efficacité. «Soit deux tas et moi assis entre eux.» Chaque tas a, enfoui en lui, sa «quantité». Mes deux mains, ensemble, puisent, l'une dans ce tas-ci, l'autre dans ce tas-là. Puis, dans le même mouvement, chacune pose à terre, face à face, son butin. Une paire! Et le geste reprend.

Je sens, je sais que, quels que soient les tas proposés, je dispose là d'un procédé qui n'est pas près de s'interrompre de lui-même, une espèce de mécanique primaire. Des paires, on sent bien qu'il peut s'en produire sans trêve. A cet appariement opiniâtre il n'y a pas de terme. Hormis, bien sûr, la nature des tas; si l'un se tarit, ou les deux, le processus s'interrompt. Parmi tous les tas du monde, ceux qui s'épuiseraient en même temps, condamnant simultanément mes deux mains au repos, ont quelque chose en commun. On a envie de dire que, concernant la quantité d'éléments, ils en ont *autant*.

Cet appariement est ce qu'on appelle une *correspondance «un-à-un»*, elle est bi-univoque. Cantor et Dedekind la placèrent à la base de leur édifice.

Je ne dissimule en aucune façon que, par cette entreprise, j'entre en opposition, dans une certaine mesure, avec les conceptions largement répandues concernant l'infini mathématique et avec les points de vue que l'on a fréquemment adoptés sur l'essence de la grandeur numérique.

Georg Cantor, *Fondements d'une théorie générale des ensembles*, 1882

Leur idée : deux ensembles acceptant d'être mis en une telle correspondance ont même (ne disons pas le mot, puisqu'il s'agit justement de le définir) «nombre» d'éléments. Ils purent alors poser la définition originelle : deux ensembles en correspondance bi-univoque sont équivalents; ils ont même puissance. Alors commença l'épopée cantorienne.

Infini : la partie «égale» au tout!

Dans les années 1870-1880, Cantor et Dedekind allaient opérer un retournement diamétral. De ce qui s'était toujours présenté comme une impossibilité : la partie «égale» au tout, ils firent une propriété. Une propriété qui allait *définir* l'altérité refoulée jusqu'alors. Ils posèrent ceci : «Est infini un ensemble qui est équivalent à l'une de ses parties propres.»

Question : existe-t-il un ensemble infini? Réponse. Oui. L'ensemble des entiers, $\mathbb{N}$, est infini. On peut construire une correspondance bi-univoque entre $\mathbb{N}$ et l'ensemble des entiers pairs P, qui est une de ses parties propres. La voici : à tout entier de $\mathbb{N}$ faisons correspondre son double, qui est pair, donc appartient à P. Inversement, à tout entier pair de P, faisons correspondre sa moitié, qui est un entier, donc appartient à $\mathbb{N}$.

Voici l'infini réalisé! *en acte.* L'ensemble des entiers n'est pas plus «grand» qu'une de ses parties. Cet infini dévoilé se nomme le *dénombrable* ou parfois le *discret*.

Les propositions allaient s'enchaîner dans une étourdissante simplicité, dynamitant au passage quelques respectables certitudes blanchies par les ans.

Par exemple, on découvrait, ébahis, qu'il n'y a «pas plus» de fractions que de nombres entiers. Cantor établissait en effet, que l'ensemble $\mathbb{Q}$ des rationnels est équivalent à $\mathbb{N}$. Cela signifierait-il, comme on pourrait s'y attendre, qu'il n'y a qu'un seul infini? Voire. Ne pourrait-on, dans l'infinité, aller au-delà du dénombrable?

R ichard Dedekind (1831-1916), chercheur prestigieux, esprit ouvert, rigoureux à l'extrême, fut l'un des rares scientifiques des années 1880 à ne pas s'effaroucher d'un traitement arithmétique de l'infini. Il sera le complice mathématicien que Cantor appelait de ses vœux. S'engagea entre eux une longue correspondance qui durera vingt-sept années, de 1872 à 1899. Dialogue entre égaux, où l'on voit deux intelligences s'enrichir l'une l'autre. Cette correspondance est l'une des plus belles œuvres de la littérature mathématique, exemple presque unique d'une confrontation continue entre deux mathématiciens qui communient dans leur passion commune. L'un expose à l'autre le cheminement de ses pensées, et l'autre, par la sagacité de ses critiques, par la compréhension pointilleuse de chaque pas de la démarche de son interlocuteur, le force à affiner ses démonstrations et, pour ainsi dire, l'accule à donner le meilleur.

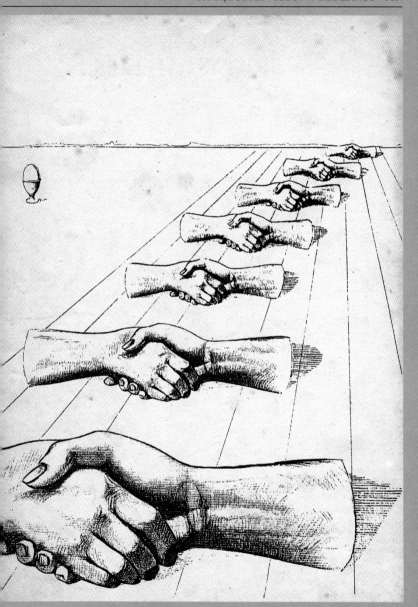

La «force prodigieuse du continu»

Le dénombrable est-il le seul infini? Cantor répond non. La puissance de l'ensemble des nombres réels est plus grande que le dénombrable. Il est en effet impossible de construire une correspondance bi-univoque entre $\mathbb{N}$ et $\mathbb{R}$. C'est-à-dire qu'il y a «infiniment» plus de points sur une droite qu'il y a de nombres entiers. Nous voilà dotés de deux infinis. Ce deuxième infini, celui de $\mathbb{R}$ se nomme le *continu*.

Mais, étonnement de nouveau, il n'y pas «plus» de points dans le segment $[0,1]$ que dans la droite toute entière! Cantor parle de la «force prodigieuse du continu». Peut-on aller au-delà du continu?

A la question : y a-t-il d'autres infinis que le dénombrable et le continu? Cantor répond oui. Il démontre que l'ensemble des parties $\mathcal{P}(A)$ d'un ensemble A a une puissance supérieure à A : un ensemble a toujours plus de parties que d'éléments. Très exactement, un ensemble comptant n éléments comptera 2^n parties. Ainsi l'ensemble A = {a, b, c} aura pour parties : {a, b, c}, {a}, {b}, {c}, {a, b}, {a, c}, {b, c} et la partie vide Ø, soit 8 ou 2^3 parties.

Ainsi, quelle que soit l'infinitude d'un ensemble, on peut en construire un autre qui soit d'une infinitude supérieure. La boîte de Pandore s'ouvre! Partant de $\mathbb{N}$, on peut construire une suite ininterrompue d'infinis. C'est l'incroyable découverte : il y a une infinité d'infinis!

Ces nouveaux nombres, Cantor les appela les *transfinis*. Pour les noter, il choisit la première lettre de l'alphabet hébreu, aleph : ℵ. Le dénombrable étant le plus petit infini, ce sera $\aleph_0$. Ce qui veut dire qu'on ne peut être infini si l'on ne contient pas les nombres

Dans ses *Poèmes visibles* (pages précédentes), Max Ernst met en scène la notion de bijection. A gauche de la page de gauche, chaque œil gauche fixe l'œil droit avec lequel il fait couple; à droite de la page de droite, chaque main droite enserre fraternellement la main gauche avec laquelle elle fait la paire.

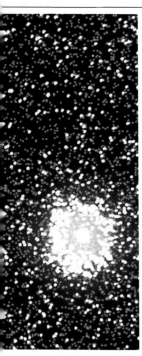

entiers. La numéricité devient une condition nécessaire de l'infinité. Et avec les transfinis, Cantor allait calculer, comme avec les entiers. Il allait mettre au point une arithmétique des transfinis, réalisant son projet d'«étendre au-delà du fini le calcul arithmétique».

Et le fini? C'est l'infini qui va le définir : «Est fini ce qui... n'est pas infini», ce qui donc ne peut être mis en correspondance bi-univoque avec une de ses parties propres. A présent que le fini, défini négativement, a pris sa place dans le concert des nombres, on peut dire que dans la multitude des ensembles, il fut longtemps la partie qui s'est prise pour le tout.

Cette architecture à donner le vertige, devant laquelle l'ivresse nous prend, est pour le mathématicien allemand David Hilbert «le produit le plus pur du génie mathématique et la réalisation la plus achevée de l'activité intellectuelle humaine».

Pourtant, sur les bas-côtés de cette fulgurante avancée, il reste des interrogations graves qui n'ont pas trouvé leur réponse. Existe-t-il un infini intermédiaire, entre le discret et le continu? Y a-t-il dans la droite réelle une autre façon d'être infini que ces deux-ci? Ces questions sont *indécidables*. C'est-à-dire qu'il a été démontré qu'aucune réponse ne s'imposait. Ni l'affirmative, ni la négative.

❝Traiter les lois et les relations des nombres entiers de la même façon que celle des corps célestes.**❞**
Georg Cantor

❝Ma théorie est aussi solide que le roc et toute flèche dirigée contre elle se retournera rapidement contre celui qui l'a lancée. Pourquoi ai-je une telle conviction? Parce que j'ai étudié tous ses aspects

pendant des années, examiné toutes les critiques que l'on peut faire aux nombres infinis et, par-dessus tout, parce que j'ai, si l'on peut dire, tiré les racines de cette théorie de la cause première de toutes les choses créées.**❞**
Georg Cantor

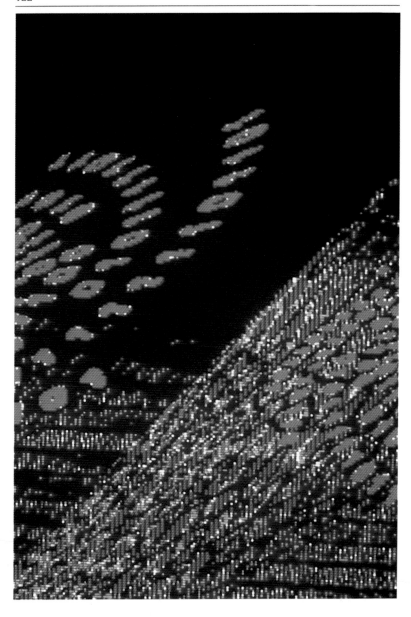

Empire des nombres, emprise des nombres. Le nombre voit son champ d'application s'accroître chaque jour un peu plus, colonisant la vie des hommes. On l'impose comme la nouvelle divinité des sociétés modernes chargée de dire tout le réel. Numérotation, quantification; la numérisation du monde est un appauvrissement. Le nombre est une trop belle invention des hommes pour le laisser être l'outil de tels desseins.

CHAPITRE VII

L'IMPOSSIBLE DÉFINITION

Le remplacement du troc et de l'échange par la monnaie installe le nombre à une place essentielle dans les sociétés. Gravé dans le métal, imprimé sur les billets ou écrit à la main sur les lettres de change et les chèques, le nombre dit la valeur. Sonnantes et trébuchantes, les espèces ne s'appellent-elles pas le numéraire?

Les nombres, œuvre des dieux, œuvre de l'homme?

Pour le mathématicien allemand Leopold Kronecker, «Dieu a créé les nombres naturels, les hommes ont fait le reste». Mais pour son contemporain, Richard Dedekind, ils sont de «libres créations de l'esprit humain». «Que sont les nombres et à quoi servent-ils?» Cette interrogation est le titre d'un de ses ouvrages, paru en 1888.

Depuis un siècle de multiples théories ont été élaborées par

des mathématiciens, des logiciens, des psychologues, des ethnologues pour répondre à ces interrogations fondamentales; chacune tentant de dresser des fondations incontestées de l'Empire des nombres. Aucune n'y est véritablement parvenue, aucune n'a emporté une adhésion générale.

L'impossible définition

Après six millénaires de maniement ininterrompu, on n'est toujours pas en mesure de définir un nombre. Si, dans sa désarmante simplicité, il excède toute tentative de le réduire à une définition qui rendrait totalement compte de son être, c'est qu'il s'offre comme un irréductible de la pensée, un constituant premier.

Au Ve siècle avant notre ère, déjà, le penseur grec Philolaos affirmait: «Sans le nombre, nous ne comprenons ni ne connaissons rien.» Le philosophe Alain Badiou, vingt-cinq siècles plus tard, lui oppose cette affirmation que nous partageons: «Ce qui procède d'un événement en fait de vérité fidèle ne peut jamais, n'a jamais pu, être compté.»

La quantification, par l'entremise de la mesure, fut l'outil principal du renouveau des sciences de la nature (physique, astronomie, etc.) à partir de la fin du XVIe siècle (gravure ci-dessus). Son introduction dans les sciences de l'homme pose des problèmes délicats. La mesure d'une chose n'est pas la chose elle-même; elle n'en est qu'un indicateur. Elle participe, à sa place, avec les autres attributs, à la connaissance. A sa place seulement! Bien sûr, le QI d'un individu n'est pas son «intelligence», mais trop souvent, il est utilisé «comme si» il l'était. Et cela a des conséquences bien réelles.

ORGANISME D'AFFILIATION

N° D'IMMATRICULATION DE L'ASSURÉ

01 751 355 7
CPAM PARIS

2 58 05 28 134 290 26

Empire des nombres, emprise des nombres

SÉCURITÉ SOCIALE

CARTE
D'ASSURÉ SOCIAL

Cette carte
est personnelle.
Elle comporte des
INFORMATIONS CONFIDENTIELLES.

SÉCURITÉ SOCIALE

Ordonner, calculer, mesurer, quantifier, numéroter, numériser, le nombre est partout; dans les sciences de la nature bien sûr, et aussi dans la métrologie, les probabilités, les statistiques, la démographie, la comptabilité, la stratégie, l'esthétique, l'économie, la psychologie...

Les tentatives, de plus en plus nombreuses, de plus en plus puissantes, de numérisation du monde, sont un appauvrissement qualitatif de la vie; la recherche de la vérité s'identifiant avec le calcul d'un nombre : taux, indices, effectifs, pourcentages, écarts et moyennes, cotes et cours, notes et coefficients, calibres, fréquences et teneurs, dividendes. On fait porter au nombre la responsabilité de dire tout le réel. Peut-on parler d'une dictature du nombre?

Des nombres, il y en a beaucoup! Finalement n'y en aurait-il pas un peu trop?

A un petit prince et à un grand philosophe les derniers mots.

«Les grandes personnes aiment les chiffres. Quand vous leur parlez d'un nouvel ami elles ne vous questionnent jamais sur l'essentiel. Elles ne vous disent jamais : "Quel est le son de sa voix? Quels sont les jeux qu'il préfère? Est-ce qu'il collectionne les papillons?" Elles vous demandent : "Quel âge a-t-il? Combien a-t-il de frères? Combien pèse-t-il? Combien gagne son père?" Alors seulement elles croient le connaître», nous confie le *Petit Prince* de Saint-Exupéry.

Vingt-cinq siècles plus tôt, Platon prévient, dans *La République* : «Vraiment j'aperçois combien la science des nombres est belle et utile quand on s'en occupe pour la connaître et non pour en trafiquer.»

MENSUEL
JEUDI 10 OCTOBRE
Liquidation : 24 octobre
Taux de report : 3,38
Cours relevés à 10 h 15

VALEURS FRANÇAISES	Cours précéd.	Derniers cours
B.N.P. (T.P)	890,60	900
Cr.Lyonnais(T.P.)	835	828,10
Renault(T.P.)	1660	1646
Rhone Poulenc(T.P.)	1810	---
Saint Gobain(T.P.)	1183	1181
Thomson S.A.(T.P.)	975	---
Accor	633	631
AGF-Ass.Gen.France	153,20	152,70
Air Liquide	776	771
Alcatel Alsthom	447	450
Axa	310,80	310,40
Axime	469	475
Bail Investis.	763	765
Bancaire (Cie)	544	536
Bazar Hot. Ville	462	460
Bertrand Faure	185,10	---
BIC	708	708
BIS	573	575
B.N.P.	197	196,40
Bollore Techno.	493,90	495
Bongrain	2082	2065
Bouygues	484	484
Canal +	1253	1248
Cap Gemini	226,50	225,10
Carbone Lorraine	771	770
Carrefour	2833	2815
Casino Guichard	223,80	220,50
Casino Guich.ADP	153	150,50
Castorama DI (Li)	880	887
C.C.F.	233,90	233,50
CCMX(ex.CCMC) Ly	45	46
Cegid (Ly)	487	487
CEP Communication	399,40	399
Cerus Europ.Reun	122,70	122,10
Cetelem	1127	1139
CGIP	1150	1150
Chargeurs Intl	200,60	200
Christian Dior	612	614
Ciments Fr.Priv.B	176,10	178,80
Cipe France Ly #	578	580
Clarins	685	685
Club Mediterranee	380,20	383
Coflexip	237,20	236,90
Colas	660	650
Comptoir Entrep.1	9,70	9,60
Comptoir Moder	2485	2485
CPR	415	414,90
Cred.Fon.France	68,80	69

COMPTANT
Une sélection   Cours relevés à 10
JEUDI 10 OCTOBRE

OBLIGATIONS	% du nom.	% du cou
BFCE 9% 91-02		8,5
CEPME 8,5% 88-97CA	103,40	1,4
CEPME 9% 89-99 CA	112,40	1,4
CEPME 9% 92-06 TSR		1,3

redit Local Fce	443,20	440,20	- 0,67	430	Lyonnaise Eaux	461	457	- 0,86	470
.nnais Lyonnais CI	139,80	136,60	- 2,28	130	Marine Wendel	465	465		435
edit National	235	236	+ 0,42	315	Metaleurop	53,20	52	- 2,25	49
5 Signaux(CSEE)	230	230		215	Metrologie Inter.	14,40	14,40		14
amart	4260	4180	- 1,87	3590	Michelin	260,30	260,50	+ 0,07	260
'anone	745	743	- 0,26	725	Moulinex	96,50	95,10	- 1,45	88
assault-Aviation	985	985		895	Nord-Est	126,60	129,10	+ 1,97	127
assault Electro	347,50	349,90	+ 0,69	335	Nordon (Ny)	330	335	+ 1,51	345
assault Systemes	213	212,70	- 0,14	205	NRJ #	631			630
'e Dietrich	197	199	+ 1,01	177	OLIPAR	91	89,60	- 1,53	97
'egremont	379,50	380	+ 0,13	405	Paribas	327,80	325,20	- 0,79	330
'ev.R.N-P.Cal Li #	42,65	42,60	- 0,11	37	Pathe	1388	1388		1310
MC (Dolfus Mi)	150	150		175	Pechiney	212,60	213	+ 0,18	215
'ocks France	1239	1250	+ 0,88	1210	Pernod-Ricard	280,50	276,60	- 1,39	280
'ynaction	131	130	- 0,76	129	Peugeot	590	589	- 0,16	580
aux (Gle des)	582	586	+ 0,68	525	Pinault-Prin.Red.	1913	1911	- 0,10	1840
'ffage	275	270	- 1,81	295	Plastic-Omn.(Ly)	461	460	- 0,21	420
f Aquitaine	404	403	- 0,24	395	Primagaz	568	568		540
'amet	257,60	263,50	+ 2,29	320	Promodes	1391	1404	+ 0,93	1300
'ridania Beghin	793	791	- 0,25	770	Publicis	447	446	- 0,22	405
'issilor Intl	1342	1347	+ 0,37	1350	Remy Cointreau	130	130		130
'issilor Intl ADP	1011	1006	- 0,49	990	Renault	122,80	121,80	- 0,81	118
'sso	538	537	- 0,18	550	Rexel	1441	1431	- 0,69	1360
'urafrance	2090	2090		2030	Rhone Poulenc A.	144,40	144,30	- 0,06	138
'iro Disney	10,95	10,95		11	Rochette (La)	24,50	24,50		27
'urope 1	1040	1040		1090	Roussel Uclaf	1186	1195	+ 0,75	1190
'urotunnel	7,50	7,40	- 1,33	9	Rue Imperiale(Ly)	4520	4520		4210
'ilipacchi Medias	1062	1064	+ 0,18	970	Sade (Ny)	182,10	183	+ 0,49	181
'malac SA	478	478		405	Sagem SA	3132	3160	+ 0,89	3020
'anextel	82	82		73	Saint-Gobain	688	683	- 0,72	640
'ves-Lille	470,20	470	- 0,04	465	Saint-Louis	1280	1275	- 0,39	1200
'romageries Bel	4380	4365	- 0,34	4300	Salomon (Ly)	4505	4500	- 0,11	4480
'aleries Lafayette	1615	1625	+ 0,61	1470	Salvepar (Ny)	390	390		415
'AN	126,60	126,80	+ 0,15	112	Sanofi	445	446,20	+ 0,26	420
'ascogne (B)	444,80	444	- 0,17	430	Sat	1675	1675		1730
'aumont #	373	374	+ 0,26	375	Saupiquet (Ns)	740	745	+ 0,67	730
'az et Eaux	2050	2047	- 0,14	1560	Schneider SA.	243,40	244	+ 0,24	235
'eophysique	330,90	330,70	- 0,06	315	SCOR	201	205	+ 1,99	200
'.F.C	413	413		405	S.E.B.	995	990	- 0,50	865
'roupe Andre S.A.	390	389	- 0,25	370	Sefimeg	392	393	+ 0,25	360
'r.Zannier (Ly) #	104	104		94	SEITA	204,30	203,50	- 0,39	192
'TM-Entrepose	229,60	231	+ 0,60	285	Selectibanque	77	76	- 1,29	90
'aumont	800	798	- 0,25	720	SFIM	1090	1100	+ 0,91	1090
'uyenne Gascogne	1848	1846	- 0,10	1790	SGE	89,90	86,50	- 3,78	94
'avas	361	360,50	- 0,13	330	Sidel	309,30	308	- 0,42	315
'avas Advertising	576	565	- 1,90	535	Simco	442	440	- 0,45	400
'metal	747	755	+ 1,07	705	S.I.T.A.	1115	1109	- 0,53	1000
'nmeubl.France	320	320		330	Skis Rossignol	14...			
'ngenico	67	66,40	- 0,89	65	Sligos	48...			
'terbail	210	211	+ 0,47	205	Societe Generale	56...			
'stertechnique 1	658	655	- 0,45	620	Sodexho	257...			
'ean Lefebvre	268	272	+ 1,49	290	Sommer-Allibert	15...			
'lepierre	639	638	- 0,15	630	Sophia	18...			
'abinal	755	754	- 0,13	705	Spir Communication	51...			
'afarge	305,50	302,60	- 0,94	300	Strafor Facom	38...			
'agardere	128,20	128,10	- 0,07	119	Suez	20...			
'apeyre	264,10	263,50	- 0,22	255	Synthelabo	45...			
'ebon	189,70			172	Technip	47...			
'egrand	873	860	- 1,48	855	Thomson-CSF	16...			
'egrand ADP	542	541	- 0,18	540	Total	41...			
'egris indust.	193,70	193	- 0,36	198	UAP	10...			
'ocindus	689	689		695	UFB Locabail	46...			
'Oreal	1819	1812	- 0,38	1870	UGC DA (M')	24...			
'VMH Moet Vuitton	1143	1138	- 0,43	1130	UIC	4...			

Numéro matricule des prisons, numéro INSEE, numéro de sécurité sociale, numen (numéro individuel récemment affecté aux fonctionnaires)... Chaque individu, identifié au numéro qu'on lui a attribué, devient localisable dans le système de gestion par ordinateur. En appliquant sur des ensembles d'humains l'ordre total qui règne dans l'ensemble des nombres, la numérotation, en même temps qu'elle rend de multiples services, constitue un réel danger pour les libertés. La disparition de l'humain sous le nombre a rejoint l'horreur dans le numéro matricule gravé sur les bras des déportés par l'administration nazie. Cette marque, choisie pour son caractère indélébile, puissions-nous en garder la mémoire, et rester vigilants devant toute entreprise de réduction de l'homme à un numéro.

'92-02#...	116,07	6,156 ↑
'0-99#	113,96	2,217
'-97CA#..		2,608
'-97 CA#	107	8,304
ME CA#..		4,158
TRA..		0,232 d
'-98 CA#	109,28	2,915 ↓
'99 CA#	99,78	2,889
'89-99 #	109,90	3,183 o
'00 CA#	113	4,681
RA CA#	106,70	0,573 o
'00 CA#	117,89	3,863 o
ME CA#	104,25	4,158
'-02 CA#	116,99	7,548

ACTIONS FRANÇAISES		Cours précéd.	Derniers cours
Arbel	♦	140,50	140,50
Bains C.Monaco		528	529
B.N.P.Intercont		462	458
Bidermann Intl.	♦	110	110
B T P (la cie)	♦	7,60	7,60
Centenaire Blanzy	♦	355	355
Champex (Ny)	♦	17	17
CIC Un.Euro.CIP		342,50	340
C.I.T.R.A.M. (B)	♦	1870	1870
Concorde-Ass Risq	♦	885	885
Darblay	♦	475	475

Gevelot	♦	93...
G.T.I (Transport)	♦	28...
Immobail		10...
Immobanque	♦	58...
Lucia	♦	16...
Monoprix	♦	16...
Metal Deploye	♦	36...
Mors #		...
Navigation (Nie)	♦	7...
Paluel-Marmont	♦	22...
Exa.Clairefont(Ny)	♦	119...
Parfinance		24...
Paris Orleans	♦	17...
Piper Heidsieck	♦	17...

TÉMOIGNAGES
ET DOCUMENTS

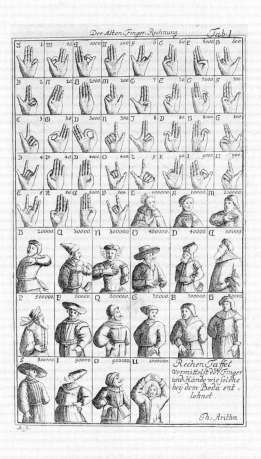

Du dénombrement à l'algèbre

*Dans l'*Arénaire, *le «* compteur de sable *»,*
Archimède *se met en tête de calculer le nombre de grains de sable que pourrait contenir l'univers.*
Dans le Problème des bœufs d'Hélios, *il cherche à déterminer la composition d'un troupeau de bœufs suivant différentes variétés. Le premier problème revient à un pur dénombrement, le second ressortit à ce qui plus tard s'est nommé l'algèbre.*

Compter le sable de l'univers...

Archimède a mis au point un système de notation qui lui permet d'atteindre un nombre faramineux, qu'aujourd'hui nous noterions par 1 suivi de 80 millions de milliards de chiffres. Nombre qu'il nomme hai myriakismyriostas periodou myriakismyrioston arithmon myriai myriades. *Rien moins qu'une myriade de myriades d'unités du myriade-de-myriadième ordre de la myriade de myriade-de-myriadième période. Il va montrer que le nombre de grains de sable contenus dans l'univers est bien moindre que ce nombre-ci et qu'ainsi son système est apte à nombrer l'univers. Archimède offre la solution de ce problème au roi Gélon qui règne sur la Sicile.*

D'aucuns pensent, roi Gélon, que le nombre des grains de sable est infiniment grand; et ils visent ainsi, non seulement le sable des environs de Syracuse et du reste de la Sicile, mais encore celui qui gît dans toute contrée habitée ou inhabitable. D'autres soutiennent que ce nombre n'est pas infini, mais que l'on ne pourrait pas en énoncer un qui fût assez grand pour surpasser la multitude de ces grains de sable. Cependant, si ceux qui pensent ainsi se représentaient un volume de sable équivalent au volume de la terre, en supposant toutes les mers et les vallées de la terre remplies jusqu'au niveau des plus hautes montagnes, il est évident qu'ils comprendraient encore beaucoup moins que l'on puisse énoncer un nombre surpassant une pareille multitude de grains de sable. Or, je tâcherai de te faire voir, au moyen de démonstrations géométriques dont tu pourras suivre les raisonnements, que certains nombres, que j'ai, moi-même, exprimés et exposés dans des écrits adressés à Zeuxippe, surpassent non seulement le nombre des grains de sable dont le volume serait égal à celui de la terre, remplie de la manière que nous avons dite, mais encore le nombre de grains de sable dont le volume serait égal à celui du monde. [...]

... en passant par le soleil

Admettons d'abord que le périmètre de la terre ait une longueur de trois cents myriades de stades, et pas davantage. Il est vrai que d'autres, comme tu le sais, ont tenté de démontrer que cette longueur est de trente myriades de stades; mais moi, allant plus loin, et regardant cette dimension de la terre admise par mes devanciers comme étant environ dix fois plus grande, je suppose que son périmètre est à peu près de trois cents myriades de stades, mais pas davantage. Je pose ensuite que le diamètre de la terre est plus grand que celui de la lune [...] et, afin que ma proposition soit démontrée sans contestation, je suppose que le diamètre du soleil est à peu près égal à trente fois le diamètre de la lune, mais pas davantage. [...]

Ces choses étant admises, on peut démontrer aussi que le diamètre du monde est plus petit que dix mille fois le diamètre de la terre, et que, de plus, le diamètre du monde est plus petit que cent myriades de myriades de stades.

... et la graine de pavot

Telles sont les choses que j'admets au sujet des grandeurs et des distances, et voici maintenant pour ce qui concerne le sable : si l'on rassemble un volume de sable non supérieur à une graine de pavot, le nombre des grains de sable ne dépassera pas dix mille, tandis que le diamètre d'une graine de pavot n'est pas inférieur à un quarantième de doigt. Ces données ont d'ailleurs été relevées de la manière suivante : des graines de pavot ayant été déposées en ligne droite sur une règle polie, de manière à se toucher l'une l'autre, vingt-cinq de ces graines ont occupé un espace supérieur à la longueur d'un doigt. Dès lors, j'adopte pour la graine de pavot un diamètre plus petit, que je suppose être environ le quarantième d'un doigt, mais pas moins; car, pour ceci, je désire également démontrer ma proposition sans aucune contestation. [...]

Finalement le nombre de grains de sable que contient l'univers est moindre que 10^{63}. Pari gagné!

Je conçois, roi Gélon, que ces choses paraîtront incroyables à la plupart de ceux auxquels les mathématiques ne sont point familières; mais ceux qui y sont versés et qui ont médité sur les distances et les grandeurs de la terre, du soleil et du monde entier, les admettront après ma démonstration. Et c'est pourquoi j'ai cru qu'il n'était pas hors de propos que, toi aussi, tu en prennes connaissance.

Archimède, *L'Arénaire*

Le problème des bœufs d'Hélios

Ce problème, inventé et rédigé sous forme d'épigramme par Archimède, fut soumis par lui, pour la recherche d'une solution, à ceux qui, à Alexandrie, étudiaient ces questions, dans une lettre adressée à Ératosthène de Cyrène.

Mesure-moi, ami, si tu as la sagesse en partage, avec une application soutenue, le nombre des bœufs d'Hélios qui jadis paissaient dans les plaines de l'île Thrinacienne, la Sicile, répartis en quatre

troupeaux de couleurs variées, l'un d'un blanc de lait, le second d'un noir brillant, le troisième blond, et le quatrième bigarré. Dans chaque troupeau, il y avait un nombre considérable de taureaux dans les proportions que voici : imagine, ami, les blancs en nombre égal à la moitié, augmentée du tiers, des taureaux noirs et augmentée de tous les blonds, et le nombre des noirs égal au quart et au cinquième du nombre des bigarrés et au nombre de tous les blonds. Observe, d'autre part, que le nombre des bigarrés restants est égal au sixième, augmenté du septième, du nombre des taureaux blancs et au nombre de tous les blonds. Les proportions des vaches étaient les suivantes : le nombre des blanches était exactement égal à la somme du tiers et du quart de tout le troupeau noir, alors que les noires égalaient en nombre la somme du quart et du cinquième du nombre des bigarrées quand elles venaient toutes paître avec les taureaux. Les bigarrées, d'autre part, avaient un nombre égal à la somme de la cinquième et de la sixième partie de tout le troupeau des blondes, et les blondes étaient égales en nombre à la moitié du tiers, augmentée du septième, du troupeau blanc. Ami, si tu peux me dire exactement combien il y avait de bœufs d'Hélios en précisant le nombre des taureaux robustes et, à part, celui des vaches pour chaque couleur, tu ne seras, certes, pas appelé ignorant ni inculte en matière de nombres, mais tu ne te feras pas pour autant ranger parmi les savants. Mais examine encore toutes les manières dont les bœufs d'Hélios ont été groupés. Chaque fois que les taureaux blancs venaient joindre leur multitude aux noirs, ils se rangeaient fermement en un groupe ayant la même mesure en profondeur et en largeur, et les vastes plaines de la Thrinacie étaient remplies

de cet amas carré. Les blonds et les bigarrés, réunis, se rangeaient de leur côté de façon à former un groupe qui, commençant par un, allait s'élargissant jusqu'à parfaire une figure triangulaire, sans que les taureaux d'autres couleurs fussent présents ni absents. Quand tu auras trouvé, ami, et embrassé dans ton esprit la solution de toutes ces questions, en indiquant toutes les mesures de ces multitudes, rentre chez toi, te glorifiant de ta victoire, et sache qu'on te juge arrivé à la perfection dans cette science.

Sous une apparence simple le problème posé par Archimède est extrêmement complexe. Il s'agit en fait de trouver huit entiers : A, B, C, D, a, b, c, d; les quatre premiers représentent les bœufs blancs, noirs, tavelés et bruns, les quatre derniers représentent les vaches de mêmes couleurs.
Ces huit nombres sont soumis à neuf contraintes : sept équations et deux conditions. Ce qui en mathématiques revient à résoudre en nombres entiers un système de sept équations à huit inconnues :

$$A = (1/2 + 1/3)B + D$$
$$B = (1/4 + 1/5)C + D$$
$$C = (1/6 + 1/7)A + D$$
$$a = (1/3 + 1/4)(B + b)$$
$$b = (1/4 + 1/5)(C + c)$$
$$c = (1/5 + 1/6)(D + d)$$
$$d = (1/6 + 1/7)(A + a)$$

Système satisfaisant les deux conditions suivantes :
A + B est un nombre carré
C + D est un nombre triangulaire c'est-à-dire de la forme n(n+1)/2

Ce problème est théoriquement soluble. Mais la recherche de sa solution est extrêmement difficile.

La science des nombres et du calcul

Dans la République, *au cours de l'un de ses échanges fameux, Platon met en scène Socrate et Glaucon. Le premier demande au second :* «*quelle est la science qui attire l'âme de ce qui devient vers ce qui est?*» *Après avoir montré que ce n'était ni la gymnastique, ni la musique, ni les arts, Socrate répond qu'il s'agit d'une science qui s'étend à tout, qui sert à tous les arts, à toutes les opérations de l'esprit, et à toutes les sciences : la science des nombres.*

Prenons quelqu'une de ces études qui s'étendent à tout.

Laquelle?

Par exemple cette étude commune, qui sert à tous les arts, à toutes les opérations de l'esprit et à toutes les sciences, et qui est une des premières auxquelles tout homme doit s'appliquer.

Laquelle? demanda-t-il.

Cette étude vulgaire qui apprend à distinguer un, deux et trois; je veux dire, en un mot, la science des nombres et du calcul; n'est-il pas vrai qu'aucun art, aucune science ne peur s'en passer?

Certes! […]

Or, la logistique et l'arithmétique portent tout entières sur le nombre?

Certainement.

Ce sont par conséquent des sciences propres à conduire à la vérité.

Oui, éminemment propres.

Elles sont donc, semble-t-il, de celles que nous cherchons, car l'étude en est nécessaire au guerrier pour ranger une armée, et au philosophe pour sortir de la sphère du devenir et atteindre l'essence, sans quoi il ne serait jamais arithméticien. […]

Platon vu par les hommes de la Renaissance.

Et j'aperçois maintenant, après avoir parlé de la science des nombres, combien elle est belle et utile, sous bien des rapports, à notre dessein, à condition qu'on l'étudie pour connaître et non pour trafiquer.

Qu'admires-tu donc si fort en elle?

Ce pouvoir, dont je viens de parler, de donner à l'âme un vigoureux élan vers la région supérieure, et de l'obliger à raisonner sur les nombres en eux-mêmes, sans jamais souffrir qu'on introduise dans ses raisonnements des nombres visibles et palpables. Tu sais en effet ce que font les gens habiles en cette science : si l'on essaie, au cours d'une discussion, de diviser l'unité proprement dite, ils se moquent et n'écoutent pas. Si tu la divises, ils la multiplient d'autant, dans la crainte qu'elle n'apparaisse plus comme une, mais comme un assemblage de parties.

C'est très vrai, dit-il.

Que crois-tu donc, Glaucon, si quelqu'un leur demandait : «Hommes merveilleux, de quels nombres parlez-vous? Où sont les unités, telles que vous les supposez, toutes égales entre elles, sans la moindre différence, et qui ne sont pas formées de parties?» que crois-tu qu'ils répondraient?

Ils répondraient, je crois, qu'ils parlent de ces nombres qu'on ne peut saisir que par la pensée, et qu'on ne peut manier d'aucune autre façon.

Tu vois ainsi, mon ami, que cette science a l'air de nous être vraiment indispensable, puisqu'il est évident qu'elle oblige l'âme à se servir de la pure intelligence pour atteindre la vérité en soi.

Allégorie humaniste de l'Arithmétique.

Oui, elle est remarquablement propre à produire cet effet.

Mais n'as-tu pas observé que les calculateurs-nés sont naturellement prompts à comprendre toutes les sciences, pour ainsi dire, et que les esprits lourds, lorsqu'ils ont été exercés et rompus au calcul, même s'ils n'en retirent aucun autre avantage, y gagnent au moins celui d'acquérir plus de pénétration.

C'est incontestable, dit-il.

Platon,
La République VII,
Gallimard, bibliothèque de la Pléiade

Musique !

Une corde pincée émet un son. La hauteur du son dépend de la longueur de la corde. Comment exprimer cette dépendance ? Par des nombres, répondent les Pythagoriciens.
Ils découvrirent que les intervalles d'octave, de quinte et de quarte, sont dans les rapports 1/2, 2/3, 3/4. Trois fractions parmi les plus simples.
En établissant de façon indubitable un lien numérique entre deux phénomènes physiques, les Pythagoriciens ouvraient la porte à un nouveau mode de connaissance de la nature fondé sur le quantitatif et les mathématiques.

Le nombre, principe de réalité

Voilà, rapporté par Stobée, le point de vue du Pythagoricien Philolaos de Crotone (Ve siècle av. J.-C.) sur les nombres.

Car la nature du nombre est pour tout homme cognitive, directrice et institutrice, sur tout ce qui est matière soit à perplexité, soit à ignorance. En effet aucune des choses [qui existent] ne serait évidente pour personne, ni en elle-même ni dans sa relation avec une autre chose, s'il n'existait pas le nombre et l'essence du nombre. En réalité, c'est le nombre qui, en rendant toutes choses adéquates à l'âme par la sensation, les rend connaissables et commensurables entre elles selon la nature du *gnomon;* car c'est lui qui les rend corporelles et distingue chacune des relations entre les choses tant illimitées que limitantes. Et on peut observer la nature du nombre et sa puissance efficace non seulement dans les choses démoniques et divines, mais aussi dans toutes les actions et paroles humaines, à tout propos et aussi bien dans toutes les activités de l'art que dans le domaine de la musique.

La nature du nombre, d'autre part, pas plus que ne le fait l'harmonie, n'admet la fausseté : avec la fausseté en effet ni l'une ni l'autre n'a de parenté, puisque la fausseté et la jalousie ressortissent, elles, à la nature de ce qui est illimité, inintelligible et irrationnel.

Le souffle de la fausseté n'atteint aucunement le nombre; car la fausseté combat et hait sa nature, tandis que la vérité est chose propre et conaturelle au nombre.

Philolaos, d'après Stobée,
in *Les Présocratiques*,
Gallimard, bibliothèque de la Pléiade

L'harmonie du nombre

La grandeur de l'harmonie est [constituée par] la quarte et la quinte. La quinte est plus grande d'un ton que la quarte. En effet une quarte sépare la corde la plus haute (*hypate*) de la corde moyenne (*mèse*); une quinte la corde moyenne (*mèse*) de la plus basse (*nète*); une quarte la corde la plus basse (*nète*) de la tierce (*trite*); une quarte la corde la plus basse (*nète*) de la tierce (*trite*); et une quinte la corde tierce (*trite*) de la plus haute (*hypate*). Entre la tierce (*trite*) et la moyenne (*mèse*) il y a un ton. La quarte a le rapport 3/4, la quinte 2/3 et l'octave 1/2. Ainsi l'harmonie comprend cinq tons et deux demi-tons, la quinte trois tons et un demi-ton, et la quarte deux tons et un demi-ton.

Stobée,
in *Les Présocratiques*,
Gallimard, bibliothèque de la Pléiade

Harmonie et proportions

Nombreux sont ceux qui, parmi les Anciens, partagent cette opinion [qu'un intervalle musical est un rapport], comme Denys d'Halicarnasse ou Archytas dans son *Traité de musique*. [...] Voici maintenant ce qu'Archytas écrit à propos des médiétés :

«En musique, il existe trois médiétés : arithmétique, géométrique et subcontraire, encore appelée harmonique. On parle de moyenne arithmétique, quand trois termes entretiennent entre eux une proportion selon un excès donné et que l'excès du premier par rapport au deuxième est celui du deuxième par rapport au troisième. Dans cette proportion, l'intervalle des deux plus grands termes est plus petit, tandis que celui des deux plus petits est plus grand. On parle de moyenne géométrique, quand le rapport des trois termes est tel que le premier est au deuxième ce que le deuxième est au troisième; dans ce cas, l'intervalle des deux plus grands termes est égal à celui des deux plus petits. On parle de moyenne subcontraire, celle que nous appelons harmonique, quand le rapport des trois termes est le suivant : le premier terme dépasse le deuxième d'une fraction de lui-même et le moyen dépasse le troisième de la même fraction du troisième. Dans une telle proportion, l'intervalle des plus grands termes est plus grand et celui des plus petits termes plus petit.»

Porphyre,
Commentaire sur les Harmoniques de Ptolémée, in *Les Présocratiques*,
Gallimard, bibliothèque de la Pléiade

Principes d'Harmonie

Jean-Philippe Rameau était épris de science autant que de musique. Dans ses écrits théoriques, il s'attache passionnément à identifier l'une à l'autre, en appelant à Pythagore et à toute la tradition arithmétique ancienne pour laquelle les nombres incarnaient la clé de l'âme du monde.

L'octave sert de bornes aux intervalles, et par conséquent à l'harmonie, puisque tout ce qui excède son étendue n'est que la réplique de ce qu'elle renferme entre ses deux termes.

Elle multiplie les intervalles, car lorsqu'on croit n'entendre qu'une tierce, comme d'*ut* à *mi*, on entend encore une sixte entre ce même mi et l'octave au-dessus de cet *ut*.

En multipliant ainsi les intervalles, elle en indique le renversement possible puisque, si l'on retranche l'*ut* grave de la tierce précédente, restera la sixte *mi-ut*.

De là naît également un renversement possible dans l'harmonie, qui procure au compositeur le moyen de varier une basse à son gré, et de la rendre plus chantante que celle que j'appelle fondamentale. [...]

Le corps sonore que j'appelle, à juste titre, son fondamental ne résonne pas plutôt qu'il engendre en même temps toutes les proportions continues, d'où naissent l'harmonie, la mélodie, les modes, les genres, et jusqu'aux moindres règles nécessaires à la pratique.

Sa résonance fait entendre trois sons différents, dont les rapports sont comme :

1) Quinte au-dessus de l'octave, dite, double quinte, ou douzième.   Sixte

1.		1/3	1/5
ut.		sol	mi

Tierce # au-dessus de la double octave, dite triple tierce ou dix-septième #

lesquels, réduits à leurs moindres degrés par le moyen des octaves qui n'y sont point comprises pour les raisons déjà alléguées, donnent :

Quinte

1/4	1/5	1/6
ut	mi	sol

tierce #   tierce b

Jean-Philippe Rameau,
Musique raisonnée,
Textes choisis, présentés
et commentés par Catherine Kintzler
et Jean-Claude Malgoire,
Stock, 1980

Bases acoustiques...

Considérons l'organisation de l'espace sonore sur deux axes, horizontal et vertical. Dans le premier cas, la mélodie et la mesure sont en cause, dans le second, c'est l'harmonie.

L'harmonie est la science des intervalles et de leur euphonie, ou encore l'«art de former et d'enchaîner les accords». Elle est régie par un ensemble de lois mathématiques qui partent d'une observation de physique déjà faite par les Anciens, Pythagore en particulier. Lorsqu'on met une corde en vibration, on obtient des harmoniques «naturelles», dont l'oreille la plus exercée ne discerne qu'une partie : 1. d'abord la fondamentale (*do*, par exemple); 2. puis l'octave; 3. puis la quinte (*sol*); 4. puis l'octave supérieure; 5. puis la tierce majeure (*mi*); 6. de nouveau l'octave supérieure; 7. puis la septième mineure (*si*b); 8. de nouveau l'octave supérieure; 9. puis la seconde majeure (*ré*), etc. Le développement de cette suite d'harmoniques naturelles permet de produire les douze tons de la gamme chromatique (mais aussi les intervalles beaucoup plus sophistiqués impliquant tout le spectre sonore). Que constate-t-on alors? Tous les chiffres pairs vont servir à reproduire, à l'octave supérieure, un intervalle déjà produit (par exemple, l'octave se reproduit en 2, 4, 8; la quinte en 6, 12, etc). Tous les chiffres impairs vont produire un nouveau son (1, 3, 5, 7, 9, etc).

... Et basse chiffrée

L'harmonie, loin d'être dérivée de la mélodie et de la soutenir à titre de simple accompagnement, fonde au contraire, et rend possible toute

production musicale par les régularités de sa combinatoire. Il n'existe aucune mélodie qui ne sous-entende une succession harmonique. Chaque son d'une mélodie est l'effet dérivé d'une infrastructure harmonique qui, si elle n'est pas effectivement entendue, est susceptible d'être restituée.

C'est la fonction de la basse chiffrée, codifiée depuis le XVIe siècle et couramment utilisée pendant toute la période baroque. Véritable sténographie musicale, la basse chiffrée était confiée à l'instrument polyphonique (en général le clavecin) accompagnant une mélodie jouée sur instrument monodique (un violon, une flûte). L'harmonie était alors indiquée par un chiffrage, code très précis indiquant les accords à réaliser.

La base du chiffrage classique repose sur l'accord parfait (*do-mi-sol*, par exemple) et ses renversements, lesquels engendrent les accords de sixte et de quarte et sixte. A l'état fondamental (*do-mi-sol*), celui-ci se chiffre « 5/3 », « 3 », ou « 5 », c'est-à-dire qu'il implique les intervalles de tierce et quinte. L'accord de sixte se chiffre « 6 » et implique la sixte (*do-la*). L'accord de quarte et sixte (*do-fa-la*) se chiffre « 6/4 » et implique les intervalles de quarte (*do-fa*) et de sixte (*do-la*). L'accord de septième est uniquement indiqué par un « 7 », alors que ses renversements sont souvent marqués avec précision par trois chiffres superposés. Et ainsi de suite.

On retrouve le principe de la basse chiffrée dans de nombreuses notations contemporaines, notamment dans le jazz, dont les bases harmoniques sont différentes mais tout aussi codifiées que l'harmonie classique.

Paule du Bouchet

Contre Pythagore

Aristote reconnaît volontiers ce que les mathématiques doivent aux Pythagoriciens. Alors qu'il admet le bien fondé de cette recherche des nombres dans les choses, quand elle concerne la théorie musicale, il ne ménage pas ses sarcasmes envers leur conception numériciste du monde.

De l'éloge tempéré...

Ceux qu'on appelle les Pythagoriciens s'appliquèrent tout d'abord aux mathématiques et leur firent faire de grands progrès; mais, nourris dans cette étude exclusive, ils s'imaginèrent que les principes des mathématiques sont aussi les principes de tous les êtres. Comme les nombres sont naturellement les premiers entre les principes de cet ordre, ils crurent y découvrir une foule de ressemblances avec les êtres et avec les phénomènes, bien plutôt <que> dans le feu, la terre et l'eau. Par exemple, suivant les Pythagoriciens, telle modification des nombres est la justice; telle autre est l'âme et la raison; telle autre représente l'occasion favorable pour agir; et de même pour chaque objet en particulier.

En second lieu, ces philosophes remarquèrent que tous les modes de l'harmonie musicale et les rapports qui la composent, se résolvent dans des nombres proportionnels. Ainsi, trouvant que le reste des choses modèlent essentiellement leur nature sur tous les nombres, et que les nombres sont les premiers principes de la nature entière, les Pythagoriciens en conclurent que les éléments des nombres sont aussi les éléments de tout ce qui existe, et ils firent du monde, considéré dans son ensemble, une harmonie et un nombre. Puis, prenant les axiomes qu'ils avaient évidemment démontrés pour les nombres et pour les harmonies, ils les accommodèrent à tous les phénomènes et à toutes les parties du ciel, aussi bien qu'à l'ordonnance totale de l'univers, qu'ils essayaient de renfermer dans leur système. Bien plus, quand ce système présentait de trop fortes lacunes, ils les comblaient arbitrairement, afin que l'échafaudage fût aussi harmonieux et aussi concordant que possible. J'en cite un exemple. A en croire les Pythagoriciens, le nombre dix est le nombre parfait, et la décade <recouvre> la <nature de tous les> nombres. Ils partent de là pour prétendre qu'il doit y avoir dix corps qui se meuvent dans les cieux; mais, comme il n'y en a que neuf de visibles, ils en supposent un dixième, l'Antichthôn, qui est l'opposé de la terre. Du reste, nous avons développé ces questions avec plus d'étendue dans d'autres ouvrages; et le seul motif qui nous y fasse revenir ici, c'est le désir de savoir aussi de ces philosophes quels sont définitivement les principes qu'ils admettent, et dans quelle mesure ces principes se rapportent aux causes que nous avons énumérées nous-mêmes. Il paraît donc que les Pythagoriciens, tout aussi bien que les autres, en adoptant le nombre pour principe, l'ont regardé comme la matière des choses, et la cause de leurs modifications et de leurs qualités. Or, les éléments du nombre sont le pair et l'impair; et <l'un, [l'impair]>, est fini, tandis que <l'autre, le pair>, est infini. L'unité est les deux tout ensemble; car elle est composée de ces deux éléments, du pair et de l'impair, de même que c'est elle qui donne naissance à la série entière des nombres; et les nombres, je le répète, forment le monde entier selon les Pythagoriciens.

Aristote, *Métaphysique*,
livre A, chapitre v, Agora

... à la réfutation

Si donc il y a nécessité que tout participe du nombre, comme on le prétend, il en résultera, nécessairement aussi, que bien des choses seront absolument identiques, puisque le même nombre peut s'appliquer également à une chose et à une autre. Mais, est-ce donc là une cause véritable? Est-ce bien là ce qui fait que la chose existe telle qu'elle est? Qui peut en rien savoir? [...]

Mais <pourquoi> les nombres seraient-ils vraiment des causes? Il y a bien sept voyelles; il y a sept cordes à la lyre ou sept harmonies; les Pléiades sont au nombre de sept; certains animaux perdent leurs dents à sept ans, bien que d'autres ne les perdent pas à cette époque; enfin, il y avait sept chefs devant Thèbes. [...]

Nos philosophes ajoutent encore que, dans les lettres, l'intervalle entre l'Alpha et l'Oméga est égal à l'intervalle de la note la plus basse à la note la plus haute sur la flûte; et ce nombre, selon eux, répond à l'harmonie complète de l'univers. [...]

Encore une fois, les nombres idéaux ne sont causes, ni des accords dans l'harmonie, ni d'aucune des choses de cet ordre; car ceux même de ces nombres qui sont égaux, n'en diffèrent pas moins <en espèce> les uns des autres, parce que leurs unités aussi sont différentes. Voilà donc bien des motifs suffisants pour ne pas admettre la théorie des nombres idéaux; et telles sont les objections qu'on peut y opposer, et auxquelles il serait aisé d'en ajouter encore une foule d'autres. Mais, toutes les peines qu'on se donne pour expliquer la production des nombres et l'impossibilité où l'on est d'en rendre compte en quoi que ce soit, doivent être pour nous une preuve que les êtres mathématiques ne sont pas séparés des choses sensibles, comme le prétendent quelques philosophes, et que ce ne sont pas là les [vrais] principes des choses.

Aristote, *Métaphysique*,
livre A, chapitre v, Agora

La métrologie

La métrologie est à la fois une «superscience» et une «interscience». Elle s'applique, en principe, à toutes les disciplines, en même temps elle utilise constamment leurs acquis. On date souvent l'«entrée en science» d'un domaine de connaissance :
1/ par l'effectuation d'une mesure et par sa prise en considération comme élément significatif dans l'interprétation et la compréhension de ce domaine.
2/ par l'intégration dans une construction théorique d'une mesurabilité, c'est-à-dire par la création d'un concept quantifiable, qui donne sens à cette construction.

Mesurer, c'est à propos d'un objet perçu, mettre en évidence un nombre qui exprime un certain rapport (dit précisément numérique) entre cet objet, considéré comme *grandeur* et un objet semblable, appelé unité (ou étalon). Je mesure la longueur d'une tringle de cuivre en prenant comme unité par exemple le mètre, et en portant ce mètre-unité au long de cette tringle autant de fois qu'il faut pour en épuiser la longueur. Ce transport du mètre ayant été effectué trois fois, je dis qu'elle a 3 mètres. J'ai mis en évidence le nombre 3 (cardinal), mesure de la tringle.

Pourquoi est-ce le nombre qui est ainsi mis en évidence ? Il s'agit, quand on veut avoir prise sur un objet, de saisir en lui ce qu'il offre de plus simple à l'observation, parce qu'alors une science déjà bien constituée est capable de venir nous aider. Le nombre est bien ce qui paraît le plus simple, et ce qui donnera lieu aux plus utiles comparaisons. Aussi la mesure est-elle un acte spontané, mais non animal. Si je mesure la largeur d'une fenêtre et que je trouve 2 mètres, je sais à l'avance que ma tringle de 3 mètres est trop longue. Si je ne dispose que de 10 000 francs et que le mètre de tissu à acheter vaut 1 000 francs, je sais à l'avance que je ne pourrai en payer comptant que 10 mètres. La mesure, c'est donc le Nombre nombré, marié aux choses, et surgissant, soutenu par le Nombre nombrant (c'est-à-dire en fin de compte l'unité), comme le résultat d'une comparaison de qualités; mais par le fait qu'elles sont comparées sous cet aspect, elles deviennent *quantités* ou *grandeurs*.

Trois éléments sont nécessaires à la mesure : la *grandeur à mesurer*, un *étalon* (unité) semblable à cette grandeur, et le *soutien d'une grandeur géométrique*, finalement réductible à une ligne et *concomitante à la chose mesurée*. La nécessité de ce dernier élément tient à ce que le nombre ne tient son statut cardinal qu'ajusté à une étendue. Il s'y ajoute une raison pratique : le pouvoir séparateur de l'œil est le plus grand. [...]

Nous renvoyons aux traités spéciaux pour l'intelligence des procédés particuliers de cette manipulation des nombres recueillis par les décomptes : calcul des moyennes de toutes sortes; variances; écarts absolus et relatifs; ajustement des graphiques à des courbes analytiques; mise en évidence des corrélations, etc. [...]

Nous résumerons tout ce qui précède en donnant de la Statistique une définition précise; c'est l'art de décompter les événements (singuliers) comme tels, et de ranger méthodiquement les ensembles de nombres ainsi obtenus, pour, malgré l'absence d'explications par les sciences déjà connues, faire apparaître des corrélations régulières entre plusieurs variables, qui peuvent pratiquement servir de lois.

Ce décompte pratique n'a pas suffi. Il faut maintenant admettre que si le Nombre intervient, il doit intervenir avec tous les avantages qu'il est capable de procurer à la science dont il est l'armature. Celui de la statistique, c'est l'égalisation de tous les cas comptés (pourvu qu'ils soient simplement semblables), et leur rangement dans une même série, une même collection : avantage qui tient, comme on sait, à la nature de l'unité numérique. Mais il y en a un autre, plus important peut-être, sinon le principal, quand il s'agit de sciences expérimentales, c'est la possibilité pour les mathématiques de fournir des formules dont l'induction est complètement vérifiable avant toute nouvelle rencontre avec l'expérience. Cet avantage peut-il ici entrer en ligne? Oui. La Probabilité n'est autre que la statistique, raidie et dressée par le Nombre en une notion certaine et sûre,

en ce sens qu'elle est capable de mesurer exactement sa propre incertitude. C'est une des découvertes les plus heureuses de l'homme. Voyons cela de plus près.

En statistique, le nombre décompte les cas semblables réels, et ainsi ne surgit de l'expérience que pour s'en faire le *héraut*, celui qui *proclame ce qu'on lui a donné à proclamer*. Mais en lui-même, il est exact, parfait, identique en ses unités. Si donc on pouvait introduire ici cette notion d'*identité*, et la substituer dans l'expérience à la simple *similitude*, il ne serait plus seulement le héraut, mais le *guide*, comme il l'est déjà, d'une autre manière, dans les sciences expérimentales, constituées en familles.

Comme on n'a pas l'habitude de considérer les choses. de ce point de vue, il faut insister. Qu'est-ce que la similitude? C'est la propriété de deux ou plusieurs notions d'être connues par un seul sens ou un seul groupe de sens, cette unicité n'étant d'ailleurs pas transcendantale, mais sensible et très exactement un aspect de l'immédiateté bergsonienne. La nature même de notre corps nous interdit donc de parler similitude exacte ou absolue. Car la similitude absolue c'est l'identité, et ce devient une affaire d'esprit. On aura beau affiner les ressemblances, on ne trouvera pas l'identité. Comment donc s'y prendre pour faire passer cette identité dans l'expérience? Il n'y a qu'une manière : arranger dans la conscience une expérience parfaite. Et comme il n'y a pas plus d'expérience parfaite que de mouvement uniforme dans le monde du changement et du mouvement, nous allons la construire à partir de ce que nous donne l'expérience.

G. Beneze,
Le Nombre dans les sciences expérimentales,
PUF, 1961

Prendre la mesure de la mesure

Jusqu'au milieu de notre siècle, la mesure, par la quantification des phénomènes, a été l'arme essentielle des sciences. C'est elle qui, en grande partie, a donné à ces dernières leur pouvoir opératoire. Depuis quelques décennies, des travaux de plus en plus nombreux portent sur les dimensions non quantitatives des phénomènes. Le «tout mesure» a ses adeptes et ses détracteurs.

En quoi la mesure, œuvre de la raison, autorise-t-elle la communication entre les hommes comme entre les choses, d'où le pouvoir unificateur que nous lui avons reconnu? questionne François Dagognet.

La richesse de la mesure vient encore de ce qu'elle impose un esprit communautaire; non seulement les expérimentateurs pourront, grâce à elle, échanger leurs résultats et les comparer, mais l'intelligence d'une chose ne peut jaillir que de la comparaison avec ses semblables : il n'est pas de comparaison possible de la «particularité», encore moins de la «singularité» qui étonne. Il faut donc apprendre à rapporter toute chose à ses proches (le rationnel entraîne le relationnel, voire l'interrelationnel).

[...] La question de la mesure nous semble, à tous égards, fondamentale, parce que directement liée à la connaissance, au savoir, à l'appréhension du réel - plus métaphysique encore que seulement physique.

François, Dagognet, «Réflexions sur la mesure», *Encre marine*, Paris, 1993

Et Paul Valery, qui s'est beaucoup intéressé aux sciences, lui répond par anticipation.

J'avoue que je ne conçois pas comment des relations quantitatives,

obtenues par des mesures extérieures effectuées sur des choses, peuvent dans un si grand nombre de cas et avec de si remarquables approximations, obtenir des prévisions et permettre des applications vérifiables. Ceci fait involontairement songer à une métaphysique de la quantité.

Paul Valéry,
Cahiers, t. II,
Gallimard, 1974

Pour G. Gusdorf, la mutation qui affecte l'idée de vérité fait que désormais la recherche de la vérité s'identifie avec la conquête d'un ordre de grandeur, et même avec le gain d'un degré dans un ordre de mesure.

Les savants, engagés dans cette conquête de l'approximation, ne songent plus que l'exactitude en question détourne leur attention de toute autre ouverture à une réalité étrangère aux schémas restrictifs de la science nouvelle. L'invocation de la vérité scientifique semble aller de pair avec un oubli de la vocation humaine [...] Le monde, pour l'intelligence qui en fait l'inventaire selon les normes de la mesure, se constitue en objet unitaire; il apparaît comme un champ de manoeuvre que la pensée parcourt en tous sens selon les axes épistémologiques. Pour que puisse être menée à bien cette neutralisation de l'espace mental, il a fallu éliminer toutes les significations non réductibles aux disciplines du calcul. Le monde des vérités n'est plus que l'ombre du domaine humain des valeurs. Le dieu calculateur prend ses distances à l'égard de sa création; à ce retrait de Dieu correspond un retrait de l'homme, qui se déprend de la réalité des choses et de sa réalité propre. La révolution galiléenne consacre une abdication de l'humanité de l'homme.

[...] Toute la science moderne va s'engouffrer par la brèche ainsi ouverte. Mais les triomphes ainsi obtenus ne doivent pas faire oublier le prix initialement payé pour en arriver là; il a fallu pour cela transfigurer le monde, c'est-à-dire peut-être le défigurer par une restriction mentale qui lui fait perdre son visage humain. La mathématisation par la mesure, procédant de la sensation à l'idée, du visible au prévisible, apprend à expliquer le supérieur par l'inférieur, l'homme par l'animal, l'animal par la plante, la plante par la matière ou la raison par l'habitude – en sorte que la mort de Dieu devient la condition du progrès.

G. Gusdorf,
*De l'histoire des sciences
à l'histoire de la pensée*,
Payot, 1977

Ernst Cassirer, plutôt qu'une abdication de l'homme devant le calcul, envisage une diffusion du calcul à ce qui relevait de la qualité et qui entre ainsi dans le domaine de la science.

L'idée de «calcul» perd sa signification exclusivement mathématique. Le calcul n'est pas uniquement applicable au nombre et à la grandeur : il déborde du domaine de la quantité à celle des qualités pures. Car les qualités elles-mêmes se laissent mettre en relation, relier les unes aux autres, de sorte qu'on puisse les tirer les unes des autres dans un ordre fixe et rigoureux.

[...] L'idée de calcul a ainsi la même extension que celle de science; elle est applicable à toutes les multiplicités dont la structure se ramène à certaines relations fondamentales permettant de la déterminer entièrement.

Ernst Cassirer,
La Philosophie des Lumières,
Fayard, 1990

La révolution décimale

Le système métrique décimal est l'œuvre de la Révolution française. Il a été accueilli avec enthousiasme par une partie de la population, et durablement combattu par une autre. L'un de ses aspects les plus décriés fut l'utilisation de l'échelle décimale comme unique passage entre les différentes unités. Multiples et sous-multiples se conjuguent sur l'air du dix. Pour asseoir un peu plus le caractère universel du système métrique, les multiples ont été pris dans la langue grecque : hecto-, kilo-, myria-, les sous-multiples dans la langue latine : déci-, centi-, milli-. Sa popularisation n'alla pas sans mal. De nombreux ouvrages de vulgarisation furent publiés à cet effet.

Cette lettre émanant du Directoire de la Seine-Inférieure est adressée à un professeur d'hydrographie, qui avait antérieurement enseigné les mathématiques.

Citoyen.
La révolution perfectionne non seulement les mœurs et prépare notre bonheur et celui des générations futures, elle brise même les entraves qui arrêtaient le progrès des sciences. Notre arithmétique qui est un des chefs d'œuvre de l'esprit humain était encore soumise au joug tyrannique de nos vieilles lois gothiques et barbares. En vain les sublimes inventeurs de cette science l'avaient fondé sur ce principe simple et fécond que *l'unité une fois*

Usage des Nouvelles Mesures.

J.P.Delion G..... inv.   Labrousse Sculp.

1. le Litre *(Pour la Pinte)*   4. l'Are *(Pour la Toise)*
2. le Gramme *(Pour la Livre)*   5. le Franc *(Pour une Livre Tournois)*
3. le Mètre *(Pour l'Aune)*   6. le Stere *(Pour la Demie Voie de Bois)*
 A Paris chez Chalon Rue Montmartre N°22 près le Boulevart.

déterminée et fixée, les chiffres augmentent en proportion du cuple en allant de la droite à la gauche et diminuent dans la même raison en descendant de la gauche à la droite : ce grand principe de la numération qui pouvait s'appliquer a toutes les grandeurs n'avait encore lieu que pour les grandeurs abstraites et nos absurdes institutions admettaient des fractions qui contrariaient absolument l'art de la numération : des sols qui étaient le 20e de la livre, des deniers qui étaient des 12e du sol etc. C'était une absurdité dans le système des monnaies.

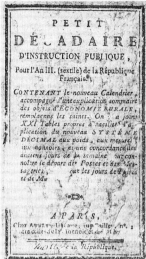

PETIT
DÉCADAIRE
D'INSTRUCTION PUBLIQUE,
Pour l'An III. (sextile) de la République
Française;

CONTENANT le nouveau Calendrier accompagné de l'inexplication sommaire des objets d'ECONOMIE RURALE, remplaçans les saints. On a joint XXI Tables propres à faciliter l'application du nouveau SYSTÈME DÉCIMAL aux poids, aux mesures, aux monnaies, et une concordance des anciens jours de la semaine pour connoître le départ des Postes et des Messageries, que les jours de Foires et de Ma...

A PARIS,
Chez ...

L'époque à laquelle ce calcul va être mis en usage approche. Quelque simple qu'il soit, il a besoin d'être enseigné; il faut se débarrasser de la vieille routine, il faut s'accoutumer et se former à la nouvelle méthode. C'est aux maîtres qui joignent, comme toi, la théorie à la pratique à ouvrir le premier la Carrière, a instruire leurs concitoyens. Nous applaudissons donc à ton zèle et à ton républicanisme qui te portent à ouvrir un cours d'arithmétique républicaine.

Les institutions des poids et mesures n'étaient pas moins absurdes. La livre pesant se sousdivisait en marcs qui étaient des moitiés. Les moitiés en onces qui étaient des huitièmes de marcs, etc.

Le temps, cet être abstrait qui paraissait devoir être soumis au seul empire des mathématiques, était cependant l'esclave de l'usage tyrannique qui nous asservissait. L'année se divisait en 365 jours quelques heures, les jours en 24 heures, les heures en minutes, les minutes en secondes, les secondes en tierces en suivant le calcul sexagésimal.

Nous ne nous étendrons pas plus sur ces contradictions, citoyen Professeur : nous nous félicitons seulement avec toi que le génie de la révolution ait renversé toutes ces coutumes nées dans les ténèbres et leur ait substitué le calcul simple et méthodique des *décimales*.

Tu désires que tous les citoyens puissent en profiter et principalement ceux qui travaillent dans les administrations. Tu sais, citoyen, que les administrations tiennent depuis huit heures du matin (vieux style) jusqu'a quatre d'après-midi. Il faut dîner! Ton cours ne peut être utile à tous ceux qui sont employés aux administrations que dans le cas où tes leçons ne commenceraient qu'entre cinq et six heures : nous ne doutons pas que tu ne choisisses cette heure, si des empêchements majeurs ne s'y opposent.

Compte sur l'estime et la reconnaissance des bons citoyens tant que tes travaux n'auront pour but que la prospérité de la République.

Salut et Fraternité.
Lettre du «Directoire régénéré» de la
Seine-Inférieure (17 mars 1794)
à Caius Gracchus Prudhomme

Le raisonnement par récurrence, le principe d'induction

Parmi les différents types de démonstrations, il en est un qui concerne en propre l'établissement de propriétés mettant en jeu les entiers naturels : le principe d'induction, que l'on peut formuler ainsi : soit S une classe. Supposons que zéro appartienne à S et que toutes les fois qu'un individu appartient à cette classe, son suivant y appartienne aussi; alors tous les nombres appartiennent à cette classe.

H enri Poincaré à sa table de travail.

Premisses d'une méthode

*Dans l'*Organon, *(l'«outil»), Aristote établit les règles de la logique. Dans* Les Seconds Analytiques *il présente une analyse des conditions de la démonstration.*

Nous estimons posséder la science d'une chose d'une manière absolue, et non pas, à la façon des sophistes, d'une manière purement accidentelle, quand nous croyons que nous connaissons la cause par laquelle la chose est, que nous savons que cette cause est celle de la chose, et qu'en outre il n'est pas possible que la chose soit autre qu'elle n'est. Il est évident que telle est la nature de la connaissance scientifique. [...]

La question de savoir s'il existe encore un autre mode de connaissance sera examinée plus tard. Mais ce que nous appelons ici savoir, c'est connaître par le moyen de la démonstration. Par démonstration j'entends le syllogisme scientifique, et j'appelle scientifique un syllogisme dont la possession même constitue pour nous la science. Si donc la connaissance scientifique consiste bien en ce que nous avons posé, il est nécessaire aussi que la science démonstrative parte de prémisses qui

soient vraies, premières, immédiates, plus connues que la conclusion, antérieures à elle, et dont elles sont les causes. C'est à ces conditions, en effet, que les principes de ce qui est démontré seront aussi appropriés à la conclusion. Un syllogisme peut assurément exister sans ces conditions, mais il ne sera pas une démonstration, car il ne sera pas productif de science. Les prémisses doivent être vraies, car on ne peut pas connaître ce qui n'est pas, par exemple la commensurabilité de la diagonale. Elles doivent être premières et indémontrables, car autrement on ne pourrait les connaître faute d'en avoir la démonstration, puisque la science des choses qui sont démontrables, s'il ne s'agit pas d'une science accidentelle, n'est pas autre chose que d'en posséder la démonstration. Elles doivent être les causes de la conclusion, être plus connues qu'elle, et antérieures à elle : causes, puisque nous n'avons la science d'une chose qu'au moment où nous en avons connu la cause; antérieures, puisqu'elles sont des causes; antérieures aussi au point de vue de la connaissance, cette préconnaissance ne consistant pas seulement à comprendre de la seconde façon que nous avons indiquée, mais encore à savoir que la chose est. [...]

En outre, si on veut posséder la science qui procède par démonstration, il ne suffit pas que la connaissance des principes soit plus grande, la conviction à leur sujet plus ferme, que ce qui est démontré : il faut encore que rien ne nous soit plus certain ni mieux connu que les opposés des principes d'où partira le syllogisme concluant à l'erreur contraire, car celui qui a la science au sens absolu doit être inébranlable.

Aristote, *Les Seconds Analytiques*

Une infinité de syllogismes

Soit une propriété dépendant de n, *une des façons de la démontrer est d'appliquer le principe dit de récurrence. qui fonctionne comme suit :*
1.– On vérifie que la propriété est vraie pour O;
2.– Supposant qu'elle est vraie pour n, *on démontre elle est vraie pour son successeur* n+1. *Alors, on conclut que la propriété est vraie pour tous les entiers.*

Le caractère essentiel du raisonnement par récurrence c'est qu'il contient, condensés pour ainsi dire en une formule unique, une infinité de syllogismes. Pour qu'on s'en puisse mieux rendre compte, je vais énoncer les uns après les autres ces syllogismes qui sont, si l'on veut me passer l'expression, disposés en cascade.

Ce sont bien entendu des syllogismes hypothétiques.
Le théorème est vrai du nombre 1.
Or s'il est vrai de 1, il est vrai de 2.
Donc il est vrai de 2.
Or s'il est vrai de 2, il est vrai de 3.
Donc il est vrai de 3, et ainsi de suite.

On voit que la conclusion de chaque syllogisme sert de mineure au suivant.

De plus les majeures de tous nos syllogismes peuvent être ramenées à une formule unique.
Si le théorème est vrai de $n - 1$, il l'est de n.

On voit donc que, dans les raisonnements par récurrence, on se borne à énoncer la mineure du premier syllogisme, et la formule générale qui contient comme cas particuliers toutes les majeures.

Cette suite de syllogismes qui ne finirait jamais se trouve ainsi réduite à une phrase de quelques lignes.

Henri Poincaré,
La Science et l'Hypothèse, 1902

Les « moins que rien »

Longtemps qualifiés de nombres absurdes, de racines fausses, les nombres négatifs ont eu bien du mal pour advenir à l'existence mathématique. Les enfants d'aujourd'hui, habitués des parkings en sous-sol, ont quelque mal à comprendre pourquoi il a été si difficile de concevoir - 1, -2, etc. On lira les fortes réticences de Lazare Carnot, l'un des fondateurs de la topologie, et grand stratège des guerres révolutionnaires. Quant à Jean Robert Argand, c'est à l'aide d'une balance qu'il entreprend de prouver la «matérialité» des nombres négatifs.

Avancer qu'une quantité négative isolée est moindre que 0, c'est couvrir la science des mathématiques, qui doit être celle de l'évidence, d'un nuage impénétrable et s'engager dans un labyrinthe de paradoxes tous plus bizarres les uns que les autres : dire que ce n'est qu'une quantité opposée aux quantités positives, c'est ne rien dire du tout parce qu'il faut expliquer ensuite ce que c'est que ces quantités opposées, recourir pour cette expression à de nouvelles idées premières semblables à celles de la matière, du temps et de l'espace, c'est déclarer qu'on regarde la difficulté comme insoluble, et c'est en faire naître de nouvelles, car si l'on me donne pour exemple de quantités opposées, un mouvement vers l'orient et un mouvement vers l'occident, ou un mouvement vers le nord et un mouvement vers le sud, je demanderai ce que c'est un mouvement vers le nord-est, vers le nord-ouest, vers le sud-sud-ouest, etc., et de quels signes ces quantités devront être affectées dans le calcul.

Lazare Carnot,
Réflexions sur la métaphysique du calcul infinitésimal, 1797

Comment concevoir une quantité négative

Pour obtenir réellement une quantité négative isolée, il faudrait retrancher une quantité effective de zéro, ôter quelque chose de rien : opération impossible. Comment donc concevoir une quantité négative isolée ?

Il dit encore qu'admettre des quantités négatives au sens contraire des positives entraînerait :

Une multitude de paradoxes, ou plutôt d'absurdités palpables, par exemple, -3 serait moindre que 2, cependant $(-3)^2$ serait plus grand que

$(2)^2$: c'est-à-dire qu'entre ces deux quantités inégales 2 et –3, le carré de la plus grande serait moindre que le carré de la plus petite, et réciproquement, ce qui choque toutes les idées claires qu'on peut se former de la quantité.

Lazare Carnot,
Géométrie de position, 1803

Les négatifs font le poids

Le mathématicien suisse Jean Robert Argand a été, en 1806, avec le danois Kaspar Wessel (1797), l'inventeur de la représentation géométrique des nombres complexes. Voici comment il présente les nombres négatifs

Soit a une grandeur prise à volonté. Si à cette grandeur on en ajoute une seconde qui lui soit égale, pour ne former qu'un seul tout, on aura une nouvelle grandeur, qui sera exprimée par $2a$. Faisant sur cette dernière grandeur une pareille opération, le résultat sera exprimé par $3a$, et ainsi de suite. On obtiendra ainsi une suite de grandeurs a, $2a$, $3a$, $4a$, …

Considérons cette même suite à rebours, savoir : …, $4a$, $3a$, $2a$, a. On peut encore concevoir, dans cette nouvelle suite, chaque terme comme déduit du précédent, par une opération inverse de celle qui sert à la formation de la première suite; mais il existe une différence notable entre les deux suites : la première peut être poussée aussi loin qu'on voudra; il n'en est pas de même de la seconde. Après le terme a, on trouvera le terme 0; mais, pour aller plus loin, il faut que la nature de la grandeur a soit telle qu'on puisse opérer à l'égard de 0 comme on l'a fait à l'égard des termes…, $4a$, $3a$, $2a$, a. Or, c'est ce qui n'est pas toujours possible.

Si a, par exemple, désigne un poids matériel, comme le *gramme*, la suite des quantités…, $4a$, $3a$, $2a$, a, 0 ne peut être continuée au-delà de 0; car on ôte bien 1 gramme de 3, de 2 ou de 1 gramme, mais on ne saurait l'ôter de 0. Ainsi les termes qui devraient suivre 0 ne peuvent avoir d'existence que dans l'imagination; ils peuvent, par cela même, être appelés *imaginaires*.

Mais, au lieu d'une suite de poids matériels, considérons les divers degrés de pesanteur qui agissent sur le bassin A d'une balance qui contient des poids dans ses deux bassins, et supposons, pour donner plus d'appui à nos idées, que les mouvements des bras de cette balance soient proportionnels aux poids ajoutés ou retranchés, effet qui aurait lieu, par exemple, au moyen d'un ressort adapté à l'axe. Si l'addition du poids n dans le bassin A fait varier de la quantité n' l'extrémité du bras A, l'addition des poids $2n$, $3n$, $4n$…, occasionnera, sur cette même extrémité, des variations $2n'$, $3n'$, $4n'$ …, et ces variations pourront être prises pour mesure de la pesanteur agissant sur le bassin A : cette pesanteur est 0 pour le cas d'égalité entre les deux bassins. On pourra, en ajoutant dans le bassin A des poids n, $2n$, $3n$…, obtenir les pesanteurs n', $2n'$, $3n'$ …, ou, en partant de la pesanteur $3n'$, obtenir, en retranchant des poids, les pesanteurs $2n'$, n', 0. Mais ces divers degrés peuvent être produits non seulement en enlevant des poids au bassin A, mais aussi en en ajoutant au bassin B. Or, l'addition de poids sur le bassin B peut être répétée indéfiniment; ainsi, en la continuant, on formera de nouveaux degrés de pesanteur exprimés par $-n'$, $-2n'$, $-3n'$ …, et ces termes, appelés *négatifs*, exprimeront des quantités aussi réelles que les termes positifs.

Argand, *Essai sur une manière de représenter les quantités imaginaires dans les constructions géométriques,* 1806

Infinis et ensembles

La naissance des nombres infinis est intimement liée à la notion d'ensemble. Cantor est à la fois le père de la théorie des ensembles et le créateur de la théorie des nombres transfinis. Les oppositions aux idées de Cantor ont été nombreuses et constantes. Il a dû à maintes reprises s'expliquer sur la question de l'infini. L'arithmétique des transfinis, qu'il a créée, et dans laquelle on peut opérer avec les transfinis semblablement à ce que l'on fait avec les nombres finis a déchaîné la controverse.

Les deux infinis

Telle que je l'ai menée jusqu'à maintenant, la présentation de mes recherches touchant la théorie des ensembles en est venue à un point où je ne peux la poursuivre qu'en étendant au-delà de ses limites antérieures le concept de nombre entier réel. En vérité cette extension s'oriente dans une direction où, à ma connaissance, nul ne l'avait jusqu'à présent cherchée.

Si grande est la dépendance où je me vois placé à l'égard de cet élargissement du concept de nombre qu'il me serait difficilement possible sans cela, de continuer à progresser librement dans la théorie des systèmes; puisse-t-on dans cette circonstance trouver de quoi me justifier ou, s'il en est besoin, m'excuser d'introduire dans mes réflexions des notions apparemment insolites. C'est qu'il s'agit d'étendre ou de continuer par-delà l'infini la série des nombres entiers réels; pour hardie que cette tentative puisse paraître, je puis néanmoins exprimer non seulement l'espoir, mais bien la ferme conviction qu'avec le temps, cette extension ne pourra plus être regardée que comme parfaitement simple, appropriée et naturelle. Ce disant, je ne me dissimule en aucune façon que par cette entreprise, j'entre en opposition, dans une certaine mesure, avec des conceptions largement répandues concernant l'infini mathématique et avec des points de vue que l'on a fréquemment adoptés sur l'essence de la grandeur numérique.

En ce qui concerne l'infini mathématique, dans la mesure où celui-ci a trouvé jusqu'à présent un emploi justifié dans la science et a contribué utilement à ses progrès, il me paraît avoir au premier chef la signification d'une grandeur variable, croissant au-delà de toute limite ou bien décroissant autant que l'on voudra, mais demeurant toujours *finie*. Je nomme cet infini, *infini improprement dit*.

A côté de celui-ci, cependant, s'est constitué ces derniers temps, soit dans la géométrie, soit particulièrement dans la théorie des fonctions, un nouveau type de concepts de l'infinité, tout aussi légitime; par exemple, d'après ces notions nouvelles, dans l'examen d'une fonction analytique d'une grandeur variable complexe, l'usage s'est imposé généralement de poser dans le plan qui représente la variable complexe, un point unique, situé dans l'infini (c'est-à-dire infiniment éloigné, mais déterminé), et de vérifier la manière dont se comporte la fonction au voisinage de ce point, comme on le fait de tout autre point; on voit alors qu'au voisinage du point infiniment éloigné, la fonction se comporte exactement de la même façon que s'il s'agissait de tout autre point situé dans le fini; on déduit de là qu'il est parfaitement légitime de se représenter l'infini dans ce cas comme transporté sur un point tout à fait déterminé.

Lorsque l'infini se présente ainsi sous une forme déterminée, je le nomme *infini proprement dit*.

Pour faire comprendre ce qui va suivre, nous distinguerons bien ces deux aspects sous lesquels s'est présenté l'infini mathématique, qui, sous les deux formes, a amené les plus grands progrès dans la géométrie, l'analyse et la physique mathématique.

Sous la première forme, en tant qu'infini improprement dit, il se propose comme un *fini variable;* sous l'autre forme, je le nomme alors infini proprement dit, il se présente comme une infini parfaitement *déterminé*. N'ont absolument rien de commun avec la première de ces deux formes (l'infini improprement dit) les nombres entiers réels infinis que j'entends définir dans ce qui va suivre et auxquels j'ai été conduit, il y a déjà de longues années, sans avoir été clairement conscient que je détenais là des nombres concrets à sens réel; au contraire, ils ont le même caractère de détermination que nous rencontrons dans le point infiniment éloigné de la théorie des fonctions analytiques; ils appartiennent dès lors aux formes et spécifications de l'infini proprement dit.

Georg Cantor,
«Fondements d'une théorie générale des ensembles»,
1882

G eorg Cantor et son épouse, vers 1880.

Des lettres de mathématiques

Commencé en 1872, l'échange de lettres entre Georg Cantor et Richard Dedekind se termine en 1899. Cette correspondance, publiée par Jean Cavaillès en 1937, provient de l'héritage de Dedekind; ce qui explique que l'on y trouve principalement les lettres de Cantor. Quant à celles de Dedekind, on n'en a que les brouillons.

Cantor à Dedekind

Halle, le 29 novembre 1873

Permettez-moi de vous soumettre une question qui a pour moi un certain intérêt historique, mais à laquelle je ne puis répondre; peut-être le pourrez-vous, et serez-vous assez bon pour m'écrire à ce sujet. Voici de quoi il s'agit.

Prenons l'ensemble de tous les individus entiers positifs n, et représentons-le par (n); puis considérons l'ensemble de toutes les grandeurs numériques réelles positives x, et représentons-le par (x); la question est simplement de savoir si (n) peut être mis en correspondance avec (x) de telle manière qu'à chaque individu d'un des ensembles corresponde un individu et un seul de l'autre. [...]

Notes de Dedekind sur les lettres de 1873

7.12.1873

Cantor me communique une démonstration rigoureuse, qu'il a trouvée le même jour, du théorème suivant lequel l'ensemble de tous les nombres positifs $\omega < 1$ *ne peut pas* être mis en correspondance univoque avec l'ensemble (n).

Je réponds le même jour à cette lettre, reçue le 8 décembre, en le félicitant pour ce beau succès, tout en «réfléchissant», sous une forme très simplifiée, la partie essentielle de sa démonstration (qui était encore bien compliquée).

10.12.1873

Cantor accuse réception de ma lettre du 8 décembre, sans mentionner la présentation simplifiée de la démonstration qui s'y trouvait; il me remercie pour l'intérêt que je porte à cette affaire. [...]

Cantor à Dedekind

Halle, le 20 juin 1877

En vous remerciant de votre lettre du 18 mai, avec laquelle je suis entièrement d'accord, reconnaissant que notre désaccord était uniquement superficiel, j'ai de nouveau une prière à vous adresser. Vous voyez que les intérêts théoriques qui nous lient ont le désavantage pour vous que je vous importune plus souvent que vous ne le voudriez peut-être.

Je voudrais savoir si vous estimez qu'une méthode de démonstration appliquée par moi est arithmétiquement rigoureuse?

Il s'agit de montrer que les surfaces, les volumes et même les variétés continues à ρ dimensions peuvent être mis en correspondance univoque avec des courbes continues, donc avec des variétés à une seule dimension, que les surfaces, les volumes, les variétés à ρ dimensions elles aussi ont donc la même puissance que les courbes : cette opinion paraît opposée à celle généralement répandue.

Cantor à Dedekind

Halle, le 25 juin 1877

Sur une carte postale que je vous ai adressée avant-hier, j'ai reconnu la lacune découverte par vous dans ma démonstration, et remarqué en même temps que j'étais en état de la combler.

Dedekind à Cantor

Brunswick, le 2 juillet 1877

J'ai examiné encore une fois votre démonstration, et n'y ai pas trouvé de lacune; je suis convaincu que votre intéressant théorème est exact et je vous en félicite. Mais je voudrais, comme je vous l'ai déjà annoncé sur ma carte postale, faire une remarque, qui est dirigée contre les conséquences que vous avez ajoutées dans votre lettre du 25 juin à la communication et à la démonstration du théorème, et qui ont trait au concept d'une multiplicité continue à ρ dimensions. [...] Cette lettre n'a d'autre but que de vous prier de ne pas entreprendre publiquement des polémiques contre les articles de foi admis jusqu'à présent de la théorie des multiplicités avant d'avoir soumis mon objection à un examen approfondi.

Cantor à Dedekind

Halle, le 4 juillet 1877

J'ai été très heureux de recevoir votre lettre du 2 juillet, et je vous remercie de vos remarques précises et extraordinairement pertinentes. [...]

Dedekind à Cantor

Brunswick, le 19 janvier 1879

J'ai étudié votre démonstration avec soin, et je n'y ai rencontré qu'un détail qui pourrait soulever le doute. [...]

Halle sur la Saale, 15 septembre 1882

[...] Ci-joint une tentative de formulation d'une question qui m'intéresse depuis longtemps, savoir ce qu'il faut entendre sous le nom de *continu;* si vous ne le trouvez pas inutile, nous pourrons la discuter de vive voix.

J'ai essayé de généraliser votre concept de coupure et de l'employer pour la définition générale du continu, mais je n'y ai pas réussi.

Halle sur la Saale, 30 septembre 1882

[...] Si le feuillet sur le concept du continu vous tombe sous la main, n'oubliez pas de biffer le dernier passage, car il repose sur une erreur. Le carré est visiblement encore un continu avec l'ordre que j'y considérais, seulement c'est un continu à une dimension. [...]

Les grands nombres

Mais qu'est-ce qu'un grand nombre dès lors que la numération de position permet d'écrire des nombres aussi grands que l'on veut? Qu'est-ce qu'un grand nombre qui ne se réduit pas à une pure écriture? Soit qu'il possède des propriétés intéressantes du point de vue des mathématiques, soit qu'il correspond à des phénomènes du monde physique.

10^{100} [101 chiffres] : le « googol »

Comme l'expliquent Edward Kasner et James Newman : un *googol* est le nombre qu'un des enfants d'une école écrivit sur le tableau noir :
10 000 000 000 000 000 000 000 000 000 000 000 000 000 000 000 000 000 000 000 000 000 000 000 000 000 000 000 000 000 000 000 000 000 000 000 000 000

La définition d'un *googol* est : 1 suivi de 100 zéros. Il fut décidé à l'école, après des recherches mathématiques approfondies, que le nombre de gouttes de pluie tombant sur New York en vingt-quatre heures, ou même un an ou un siècle, est bien inférieur à un *googol*.

L'enfant, le neveu du Dr Kasner, âgé de neuf ans, suggéra le nom de *googol* pour ce nombre et de *googolplex* pour un autre nombre encore plus grand, dont il fut convenu qu'il s'écrirait 1 suivi d'un googol de zéros, soit 10^{googol}.

Avec beaucoup de clairvoyance, les auteurs pressentirent avec un quart de siècle d'avance que ce nombre pourrait s'avérer d'une grande utilité dans des problèmes combinatoires.

Pour comparaison, le nombre total de particules dans l'univers a été diversement estimé à des valeurs comprises entre 10^{72} et 10^{87}.

Les nombres de Mersenne

Marin Mersenne, philosophe et mathématicien français du XVIIe siècle s'est penché sur certains nombres particuliers, de la forme $2^n - 1$. Le n-ième nombre de Mersenne est noté $M_n = 2^n - 1$. Certains sont premiers, d'autres pas. La recherche des nombres de Mersenne qui sont des nombres premiers est un sport fort prisé.
$2^{86243} - 1$ [25962 chiffres].
Probablement, même si l'on n'en est pas certain, le 28e nombre de Mersenne

premier, déniché par David Slowinski sur son cher CRAY-1, en 1983.

Il se contente modestement de 25 962 chiffres et a occupé le CRAY pendant 1 heure, 3 minutes et 22 secondes pour la vérification, après des mois de travaux préliminaires destinés à établir que ce nombre était effectivement susceptible d'être premier.

Pour donner une idée des calculs que cela implique, un Apple II effectue plus de 250 000 instructions à la seconde.

Les super-calculateurs de la série CRAY traitent des instructions plus complexes que celles de l'Apple, car les opérations se font en virgule flottante. La «virgule flottante» représente chaque nombre dans l'ordinateur par l'équivalent binaire en notation scientifique standard. Par exemple, avec cette notation, la vitesse de la lumière, qui vaut 299 796 kilomètres par seconde, s'écrit $10^5 \times 2{,}99796$.

Le CRAY utilise 64 bits pour représenter un nombre, dont 15 peuvent être utilisés pour l'exposant.

Une opération d'addition, soustraction, multiplication ou division compte comme une instruction. Un megaflop désigne 1 million d'instructions en virgule flottante par seconde. Le CRAY-1 d'origine travaillait à 150 megaflops par seconde. Les modèles plus récents atteignent 250, 500 ou 1 000 megaflops. Lorsque Seymour Cray sortira la série CRAY-3, il visera la barre des 10 gigaflops, soit 10 000 megaflops, ou 10 000 000 000 instructions par seconde!

$3\uparrow\uparrow\uparrow3$, etc. : le nombre de Graham

Le Champion du Monde des grands nombres, et qui figure d'ailleurs dans le *Livre des Records*, est une borne supérieure, déduite par R. L. Graham à partir d'un problème issu d'un domaine de la combinatoire que l'on appelle la *théorie de Ramsey*.

Le nombre de Graham ne peut pas être exprimé à l'aide des notations usuelles des puissances, ou des puissances de puissances. Si toute la matière existant dans l'univers était transformée en encre, elle ne suffirait encore pas pour écrire ce nombre. C'est pourquoi cette notation, proposée par Donald Knuth, s'est avérée nécessaire.

$3\uparrow3$ signifie «3 au cube», comme c'est souvent le cas sur les listings d'ordinateur.

$3\uparrow\uparrow3$ désigne $3\uparrow(3\uparrow3)$, autrement dit $3\uparrow27$, qui est déjà assez grand : $3\uparrow27 = 7\,625\,597\,484\,987$, mais est encore assez facile à écrire, notamment sous la forme d'une pile de 3 : 3^{3^3}.

$3\uparrow\uparrow\uparrow3 = 3\uparrow\uparrow(3\uparrow\uparrow3)$, est ainsi $3\uparrow\uparrow7\,625\,597\,484\,987 = 3\uparrow(7\,625\,597\,484\,987\uparrow7\,625\,597\,484\,987)$.

$3\uparrow\uparrow\uparrow\uparrow3 = 3\uparrow\uparrow\uparrow(3\uparrow\uparrow\uparrow3)$, bien sûr. Mais même comme tour d'exposants, il est incroyablement grand dans notre notation courante, alors que ce n'est pourtant qu'ici que commencent réellement les nombres de Graham. Considérons le nombre $3\uparrow\uparrow\uparrow \ldots \uparrow\uparrow\uparrow3$, dans lequel il y a $3\uparrow\uparrow\uparrow\uparrow3$ flèches. Puis construisons le nombre $3\uparrow\uparrow\uparrow \ldots \uparrow\uparrow\uparrow3$ où le nombre de flèches est égal au précédent $3\uparrow\uparrow\uparrow \ldots \uparrow\uparrow\uparrow3$.

Un nombre incroyable et inimaginable par sa taille! Nous n'avons pourtant effectué que deux étapes au-delà du gigantesque $3\uparrow\uparrow\uparrow\uparrow3$. Suivez maintenant le même procédé, en prenant comme nombre de flèches dans $3\uparrow\uparrow\uparrow \ldots \uparrow\uparrow\uparrow3$ le nombre obtenu à l'étape précédente, jusqu'à avoir effectué 63 étapes, oui, *soixante-trois*, depuis $3\uparrow\uparrow\uparrow\uparrow3$. Vous voilà enfin au nombre de Graham.

David Wells
Dictionnaire des nombres curieux,
Eyrolles, 1995

Le boulier

La notation des nombres sur le boulier repose sur les principes de la numération décimale. Cet outil de calcul d'une étonnante rapidité n'est pas un instrument du passé, il est encore en usage dans de nombreux pays, principalement en Chine. Les compétitions de bouliers y sont un sport très prisé, où la dextérité de l'esprit s'accompagne d'une égale dextérité du geste.

Le boulier chinois (*suanpan*) se compose de tringles serties dans un cadre rectangulaire.

Dans sa version actuelle, il comprend un nombre variable de tringles (il peut en exister 11, 13, 17 ou davantage). Sur chacune de ces tringles deux étages de boules séparées par une barre transversale peuvent coulisser librement. L'étage du haut comprend régulièrement deux boules par tringle et l'étage du bas cinq boules. Par convention, chacune des boules du haut vaut 5 unités et chacune des boules du bas vaut une unité. La barre transversale sert de repère : pour mettre l'appareil au repos on pousse les boules vers le cadre tandis que pour marquer des nombres on les repousse contre la barre. Selon Youschkevitch cette répartition particulière des boules correspondrait, d'une part, aux cinq doigts de la main (boules du bas) et d'autre part, aux deux mains (boules du

haut). Mais il existe une autre explication : à l'origine, le système aurait été conçu pour faciliter la manipulation des unités de capacité appelées *jin* (livres) et *liang* (onces). En effet, comme 1 *jin* = 16 *liang* et que sur chaque tringle on peut marquer au plus 15 unités, tout se passe comme si l'inventeur du boulier avait voulu travailler en base 16. (Bien entendu l'appareil autorise des calculs qui ne se limitent pas aux conversions de *jin* en *liang*).

La notation des nombres sur le boulier repose sur les principes de la numération décimale mais, pour les nombres compris entre six et neuf, cinq joue un rôle privilégié, exactement comme dans le cas de la numération des baguettes à calculer. Comme en outre 1, 2, 3, 4, se marquent sur le boulier au moyen de 1, 2, 3 ou 4 boules, la ressemblance entre les deux systèmes est frappante.

Le principe des calculs au boulier repose sur des règles originales qui, à l'instar de nos tables de multiplication, doivent être complètement mémorisées. Appliquées mécaniquement, celles-ci autorisent des vitesses d'exécution étonnantes qui ont frappé tous les observateurs. On cite souvent à l'appui une surprenante compétition entre un homme calculant au boulier et une machine électrique et qui tourne au désavantage de la machine.

En principe, ces règles permettent non seulement d'effectuer les quatre opérations mais aussi d'extraire les racines carrées et cubiques. Dans la pratique toutefois, seules l'addition et la soustraction servent vraiment et cela, pour une raison bien simple : contrairement aux baguettes à calculer qui intervenaient surtout dans la pratique savante du calcul, le boulier était l'outil de base des marchands.

Plus largement, le boulier a joui en Chine d'un prestige qui a dépassé de loin la catégorie somme toute limitée des marchands. Même de nos jours, on continue de l'enseigner et on fait des recherches à vocation pédagogique afin de simplifier ses anciennes règles. [...]

L'influence du boulier chinois se serait-elle exercée dans des pays de culture non chinoise? Cela semble peu probable. Le boulier russe, par exemple, n'a certainement pas grand-chose à voir avec lui : les structures des deux instruments diffèrent vraiment et sur l'un comme sur l'autre, les opérations ne s'effectuent pas de la même manière.

On peut aussi s'interroger sur le problème de l'origine du boulier chinois. Malgré de nombreuses recherches sur le sujet, la question est loin d'être résolue. On sait seulement de manière certaine que le boulier n'a été couramment utilisé en Chine qu'à partir de la deuxième moitié du XVIᵉ siècle. De nombreuses arithmétiques illustrées xylographiées à cette époque en témoignent. [...]

On peut penser que le boulier chinois dériverait des baguettes à calculer. En effet, comme on l'a déjà dit, les représentations des nombres sur le boulier et au moyen des baguettes présentent des analogies, dans les deux cas les règles de calcul se ressemblent aussi : les règles de division *jiugui*, notamment, qui ont servi de manière certaine à calculer par baguettes au XIIIᵉ siècle se retrouvent ensuite dans le nouveau contexte du calcul au boulier.

De fait, si le boulier avait existé au XIIIᵉ siècle, comment expliquer que les voyageurs européens qui se sont alors rendus en Chine n'en parlent jamais tandis que plus tard leurs successeurs ont rarement manqué de le faire?

Jean-Claude Martzloff,
Histoire des mathématiques chinoises,
Masson, 1987

Nombrer les hommes

*« Qui pourrait compter
la poussière de Jacob ? »
Le dénombrement est
la première des mesures.
Le recensement, qui a pour
tâche de prendre la mesure
de l'humanité, de nombrer
la multitude, a été souvent
considéré, dans les temps
anciens, comme un crime.
Le quatrième livre du
Pentateuque s'appelle*
Arithmoi, *Les Nombres,
dans la traduction grecque
de la Bible.*

La Bible dit plusieurs recensements d'hommes depuis la Genèse (le commencement, l'en-tête) jusqu'à l'Apocalypse (la révélation, la fin). Pour Pierre Larousse, dans l'article «Recensement» du *Dictionnaire encyclopédique du XIXᵉ siècle*, le plus ancien dénombrement d'hommes fut celui du peuple israélite effectué par Moïse et Aaron dans le désert. Mais nous savons aujourd'hui que la pratique du recensement était courante depuis des millénaires, bien avant Moïse, dans toutes les grandes civilisations et, en particulier, dans ce berceau précis de l'histoire qu'est le Proche-Orient méditerranéen.

Je ne crois pas que l'on ait jamais recensé dans les civilisations tribales : on s'y connaît, on s'y reconnaît. Au contraire, dans les grands empires, en Egypte, à Babylone, et puis en Inde, en Chine, il a fallu compter les hommes, pour l'impôt et pour la guerre. La Bible nous le dit, à sa manière : normal pour une bibliothèque qui, sous couvert d'un peuple, nous parle de l'humanité, une humanité révélée à elle-même par l'omniprésence divine! [...]

Dans un récit très ancien qui appartient maintenant au livre de la Genèse, YHWH, après bien des déboires face à cette créature toute particulière, Adam, fait alliance avec un homme qu'il a choisi, Abram, et Il lui garantit que sa descendance sera «innombrable», comme les étoiles dans le firmament. Plus loin, lorsque l'alliance est concrètement instituée par la circoncision, YHWH dit : «Tu deviendras père d'une multitude de nations. Et l'on ne t'appellera plus Abram, mais ton nom sera Abraham, car je te fais père d'une multitude de nations.» Après qu'Abraham eut accepté d'offrir dans la foi son fils «unique», YHWH ajoute : «Parce que tu as fait cela, [...] je rendrai ta postérité aussi nombreuse que les étoiles du ciel et que le sable qui est sur le bord de la mer.» Il semble donc impossible de recenser la descendance du patriarche. Voilà qui est sans compter avec la malignité des hommes : car la descendance d'Abraham sera infidèle à l'Alliance, et il faudra dénombrer le reste de ceux qui sont fidèles. [...]

En raison du rôle qu'y jouent les dénombrements, les traducteurs grecs de la Bible dite des Septante ont intitulé *Arithmoi* (Nombres) le quatrième livre du Pentateuque, celui qui en hébreu est dit *Bemidbar* («Dans le désert»). Nous y trouvons en effet deux recensements : d'entrée, celui des fils d'Israël sortis d'Egypte, moins les lévites qui sont recensés différemment plus tard; vers la fin du livre, celui des fils d'Israël qui rentreront en Terre promise, avec exactement les mêmes différences concernant les lévites. Aucun individu n'est commun aux deux recensements : tous ceux du premier sont morts à cause des innombrables infidélités de la génération sortie d'Egypte. Au contraire, à partir du second dénombrement (chapitre XXVI), celui du peuple qui entrera en Canaan, le texte ne mentionne plus jamais de morts. Le dénombrement du peuple ne concerne que les adultes mâles de plus de vingt ans :

YHWH dit : «Faites le recensement de toute la communauté des Israélites, par clans et par familles, en comptant les noms [Chouraqui traduit ici : «au nombre des noms»] de tous les mâles, tête par tête. Tous ceux d'Israël qui ont vingt ans et au-dessus, aptes à faire campagne, vous les enregistrerez, toi et Aaron, selon leurs formations au combat. Il vous sera adjoint un homme par tribu, un chef de famille.»

Après le dénombrement, il est écrit que «le total des recensés fut de six cent trois mille cinq cent cinquante». En ce qui concerne le recensement des Israélites qui entreront en Canaan, et qui reprend le déroulement du premier, le total est de «six cent un mille sept cent trente recensés». Longtemps, les commentateurs ont cru à la réalité de ces nombres, qu'il est impossible de considérer aujourd'hui comme réalistes. Beaucoup d'interprétations sont possibles. Ainsi, par exemple, le mot *benê-Israel* («fils d'Israël») a pour somme des valeurs des consonnes 603 (2 + 50 + 10 + 10 + 300 + 200 + 1 + 30), ce qui est le nombre de milliers du premier total. Notons aussi que le recensement a pour but le don des terres du pays promis : «selon le nombre de noms dans les tribus patriarcales, on recevra son héritage.» [...]

Dans le recensement criminel de David, surtout en II Sam., le récit est d'un intérêt littéraire prodigieux, les contradictions sont fascinantes, l'expérience spirituelle des plus étranges. C'est le Seigneur, en colère contre Israël et Juda (nous n'en connaissons pas la cause), qui a «excité» David à dénombrer son peuple. Joab, chargé de cette tâche avec les autres chefs d'armée, s'étonne, car il connaît les dangers du recensement. Cette connaissance lui vient peut-être de Nombres, XXIII, 10, verset où Balaam, l'excellent prophète étranger s'écrie : «Qui pourrait compter la poussière de Jacob? Qui pourra dénombrer la nuée d'Israël?» Cependant Joab obéit, et le plan de recensement nous est longuement décrit : l'œuvre, qui commence par une traversée du Jourdain, inclut quelques groupes étrangers et qui aboutit à Jérusalem, dure neuf mois et vingt jours. Après cette gestation pérégrinante, c'est le nombre d'hommes en armes qui est seul révélé, pour Israël comme pour Juda.

Etienne Rousseau,
«Le Crime de dénombrement»,
in *Le Nombre et la Méditerranée*, 1992

Comment le nombre naît dans l'esprit des enfants

Pour le psychologue Jean Piaget, seul le recours à l'expérience permet de savoir quelle est la nature du nombre. Il a ainsi mis en évidence que l'esprit ne possède pas une intuition immédiate des nombres mais que personne pourtant n'est capable de se souvenir précisément de son acquisition. En un mot on ne sait pas précisément quand et comment le nombre naît dans l'esprit des enfants. On sait seulement qu'avant il n'y était pas et qu'après il y était.

Il est peu de notions plus claires et plus distinctes que celles du nombre entier, et peu d'opérations à résultat plus évident que celles de l'arithmétique élémentaire : science à portée des enfants, science dont la validité n'est disputée par personne et dont les vérités initiales se sont enrichies de façon continue, sans jamais en être ébranlées elles-mêmes... Et pourtant, si nous comparons la proposition «$1 + 1 = 2$», dont tous les termes sont transparents, à cette autre proposition «les organismes dérivent d'un œuf, croissent, vieillissent et meurent», dont chaque terme comporte un monde d'obscurités, nous constatons que la simplicité du problème épistémologique soulevé par ces deux sortes de vérités est pour ainsi dire inversement proportionnelle à la clarté des notions elles-mêmes. Chacun s'accordera, en effet, à considérer la seconde proposition comme d'origine empirique, et même si un philosophe prétendait déduire *a priori* les concepts d'œuf, de croissance, de vieillissement et de mort de celui d'organisme vivant, il aurait commencé par apprendre l'existence

de ces phénomènes en partant de la simple observation (ce à quoi le biologiste en est toujours réduit, avec quelques expériences en plus). Au contraire, la signification épistémologique du nombre a donné lieu aux hypothèses les plus diverses et les plus contradictoires entre elles, au point qu'il est déjà d'une grande difficulté de distinguer et de sérier les problèmes. La proposition «1 + 1 = 2» est-elle une vérité, une convention ou un énoncé tautologique? Ce rapport s'impose-t-il d'abord à nous en fonction d'expériences, et desquelles? Ou est-il construit *a priori*, ou encore objet d'une intuition immédiate, et de quelle sorte? Le nombre constitue-t-il une notion première, ou une synthèse d'opérations simplement logiques? Autant la vérité technique de l'arithmétique est demeurée indiscutable, autant la question de savoir ce qu'est le nombre révèle donc la surprenante incapacité de la pensée à saisir sans plus la nature d'instruments qu'elle croit cependant comprendre entièrement et dont elle fait usage en presque chacun de ses actes.

Un tel contraste entre l'évidence instrumentale du nombre et le chaos des théories épistémologiques construites à son sujet par les mathématiciens eux-mêmes démontre à lui seul la nécessité d'une recherche génétique : l'inconscience de la pensée à l'égard des rouages essentiels de son propre mécanisme est, en effet, l'indice psychologique de leur caractère élémentaire, et par conséquent de l'ancienneté du niveau de formation auquel il faut remonter pour pouvoir les atteindre. [...]

Rappelons simplement les cinq célèbres axiomes de Peano, qui suffisent à engendrer toute la numération une fois admis les trois concepts fondamentaux de zéro, de n (un nombre quelconque) et de successeur (la loi fondamentale + permettant de passer d'un nombre à son successeur) : (1) 0 est un nombre; (2) le successeur d'un nombre est également un nombre; (3) deux nombres n'ont jamais le même successeur (ou : si les successeurs de deux nombres sont identiques, ces nombres le sont aussi); (4) le successeur d'un nombre ne peut être 0; (5) si une classe contient 0 et un nombre quelconque n, et si le successeur de n en fait également partie cette classe contient tous les nombres (principe d'induction complète).

Jean Piaget,
Epistémologie génétique,
PUF, 1973

Les mots et les nombres

En novembre 1960, des écrivains, fins gourmets des mathématiques et des mathématiciens férus de littérature se sont réunis pour former l'Oulipo : Ouvroir de littérature potentielle. Raymond Queneau en fut l'animateur inspiré. Les œuvres brillantes et toujours surprenantes créées par l'Oulipo prouvent à l'envi que les mots et les nombres font bon ménage si tant est qu'on leur ménage de délicates épousailles.

Lorsqu'à l'âge de vingt ans, Leibniz publiait sa *Dissertation de Arte Combinatoria*, il prétendait avoir trouvé une branche nouvelle des mathématiques ayant des ramifications en logique, histoire, morale, métaphysique. Il y traitait toutes sortes de combinaisons : syllogismes, formes juridiques, couleurs, sons; et il énonçait des combinaisons 2 par 2, 3 par 3, etc., qu'il écrivait : com2natio, com3natio, etc.

Dans le domaine des arts plastiques, l'idée n'était pas complètement nouvelle, puisque quelques années plus tôt Breughel l'Ancien numérotait les couleurs de ses personnages pour ensuite les jouer aux dés; dans le domaine de la musique, on commençait à entrevoir des possibilités nouvelles, qui devaient inspirer Mozart pour son «Jeu musical», sorte de fichier permettant à tous la composition aléatoire de valses, rondeaux et menuets. Mais qu'en est-il de la littérature?

Il a fallu attendre 1961 pour que le mot même de *Littérature Combinatoire* soit lancé, sans doute pour la première fois, par François Le Lionnais, dans la postface des *Cent Mille Milliards de poèmes* de Raymond Queneau. La littérature, on connaît; mais la combinatoire? [...]

Pour tenter de donner une définition plus précise, nous nous appuierons sur le concept de *configuration;* on cherche une configuration chaque fois que l'on dispose d'un nombre fini d'objets, et qu'on veut les disposer de façon à respecter certaines contraintes fixées à l'avance; les carrés latins, les géométries finies sont des configurations, mais aussi le rangement de paquets de tailles diverses dans un tiroir trop petit, ou la disposition de mots ou de phrases donnés à l'avance (à condition que les contraintes fixées soient suffisamment «astucieuses» pour que le problème soit véritable). De même que l'Arithmétique étudie les nombres entiers (avec les opérations classiques), que l'Algèbre étudie les opérations en général, que l'Analyse étudie les fonctions, que la Géométrie étudie les formes rigides et la Topologie celles qui ne le sont pas, la Combinatoire étudie, elle, les configurations. Elle veut démontrer l'existence de configurations d'un type voulu. Et si cette existence ne fait plus aucun doute, elle entreprend de les dénombrer (égalités ou inégalités de dénombrement), ou de les recenser (listing), ou d'en extraire une «optimale» (problème d'optimisation).

L'on ne s'étonnera donc pas qu'une étude systématique de ces problèmes ait dégagé un grand nombre de concepts mathématiques nouveaux, aisément transposables dans le domaine du langage, et que le prurit combinatoire ait exercé ses ravages au sein de l'Oulipo.

La forme la plus fruste, l'âge de pierre de la littérature combinatoire, il nous faut le signaler, c'est la *poésie factorielle*, dans laquelle certains éléments du texte peuvent être permutés *de toutes les façons possibles* au gré du lecteur (ou du hasard); le sens change, mais la correction syntaxique reste. [...]

Une autre forme plus élaborée de poésie combinatoire : les poèmes fibonacciens. On appelle ainsi un texte, qui a été décomposé en éléments (phrases, vers, mots), et que l'on récite en utilisant seulement des éléments qui n'étaient pas juxtaposés dans le texte original.

Cette forme de poésie est appelée Fibonaccienne, car avec n éléments, le nombre de poèmes que l'on peut former n'est pas autre chose que le «nombre de Fibonacci» :

$$F_n = 1 + \frac{n!}{1!\,(n\text{-}1)!} + \frac{(n\text{-}1)!}{2!\,(n\text{-}3)!} + \frac{(n\text{-}2)!}{3!\,(n\text{-}5)!} + \ldots$$

En voici un exemple, dont l'origine est aisément reconnaissable :

Feu filant,
déjà sommeillant,
bénissez votre
os
je prendrai
une vieille accroupie
vivez les roses de la vie!

Malheureusement, il est difficile d'inventer des textes qui se prêtent à de telles manipulations ou des règles de saut qui leur conservent une qualité littéraire.

Oulipo,
La Littérature potentielle,
Folio, Gallimard, 1973

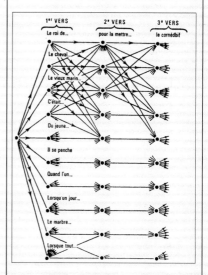

Principe du graphe des *Cent Mille Milliards de poèmes* (tous les arcs et tous les sommets ne sont pas dessinés).

1001 nombres et des poussières

One-zéro show en un acte et un tableau… blanc
Le «Petit Mathématicien de Rien du Tout» vous convie à un voyage dans l'empire des nombres. Les êtres mathématiques font de bons personnages de fictions théâtrales ou cinématographiques. Il suffit pour cela de mettre en scène ce qui se passe réellement dans le champ mathématique où ces êtres évoluent. Ce qui implique la mise en œuvre d'une véritable «épistémologie dramatique».

Le Petit Mathématicien : C'était au commencement du monde.

Une voix : Au commencement des nombres?…

Le P. M. : Oui, disons : au commencement des nombres.

La lumière baisse. Puis c'est la nuit. Silence de la nuit.

Le jour se lève. Apparaît, dressé sur sa patte unique, le Un.

Le P. M. : Un jour, le Un fut.

Ce fut le premier jour.

La veille, il n'était pas,

le lendemain il était là.

Le Un regarde de tous côtés, comme pour s'assurer qu'il est seul.

Le Un : Unnnnnnnnn!!!!!

Le P. M. : Dans l'univers vide retentit son cri… qu'il fut seul à entendre.

Le Un, dressé sur sa patte unique, hurle.

Le Un : Je suis l'uniiique!

Le P. M. : Il resta ainsi.

Plein de lui.

Ravi.

Le P. M. : Il s'aimait… il s'aimait…

Il s'aimait tant que bientôt ce lui fut une blessure

de ne pas pouvoir une fois admirer sa figure.

Le P. M. : Se voir, se voir!

Miroir! Miroir!

Le Un sautillant sur sa patte unique, parcourt le monde.

Le P. M. : Sur sa patte unique

il courut le monde.

Toc, toc… Toc, toc… Toc, toc…

Là,

une mare à l'eau limpide!

Le P. M. s'approche de la mare, se penche…

Le P. M. : Il se penche.

Il se voit.

Beauté!

Il se baisse,

il se bise

Narcisse,
bis.
Mais dans l'instant, il est Deux.
Le P. M. *s'adressant au public :* Eh!
oui, pour s'aimer, vraiment, il faut être
deux.
(Un temps) La mare luit;
diamant qui l'éblouit
La tête lui tourne.
Ivresse.
L'eau se trouble.
Quelque chose surgit de la mare.
Le P. M. : Oh, un autre! Encore!
Le Trois s'extrait de la mare.
Le P. M. : Qui es-tu, toi?
Le Trois : Mon nom est Trois.
Je suis toi, toi et toi.
Le Un : Tu prétends que tu es moi et
moi et moi.
Le Trois : Oui, moi, Trois, je suis toi
et toi et toi.
Le P. M. : C'était parti!
Le pli était pris.
Voyage pour Cythère.
Le Un, sans fin, s'itère.
Sur un tableau, le P. M. écrit :
$$1 + 1 + 1 + 1 + \dots$$
Le Un : Un, plus un, plus un, plus un.

Moi, plus moi, plus moi,
(De plus en plus vite) un, plus un, plus
un, plus un…
Moi, plus moi, plus moi,
(Calmé) moi et moi et moi… et moi
encore,
et moi toujours.
Toujours moi.
Moi en sus, moi en plus,
toujours plus!
Il n'y a que de l'un dans l'autre,
de l'unique dans le multiple.
Le P. M. *au public :* Et le un,
s'additionnant à lui-même, engendra les
nombres un à un
à la chaîne,
sans peine.
*Puis, fier, il tapote sa poitrine, avant de
désigner dédaigneusement la multitude
des nombres à ses pieds.*
Le Un : Le Un et les autres!
*(Son visage se fige dans un rictus de
haine)*
Le Un hait les autres.
Que seraient-ils sans moi,
eux tous qui ne sont que mes multiples?

Extrait d'une pièce de Denis Guedj

GLOSSAIRE

Arithmétique : théorie des nombres.
Arithmo-géométrie : Représentation des entiers par des configurations de points, dont la somme constitue le nombre représenté.
Chiffre : caractère servant à représenter des nombres.
Entiers naturels : L'ensemble des entiers naturels est noté $\mathbb{N} = \{0, 1, 2, 3, \ldots\}$.
Entiers relatifs : Les entiers négatifs réunis aux positifs forment l'ensemble des entiers relatifs noté $\mathbb{Z} = \{\ldots, -3, -2, -1, 0, +1; +2, +3, \ldots\}$.
Gématrie : Partie de la cabale juive fondée sur l'interprétation arithmétique(ou géométrique) des mots de la Bible.
Logistique : Art de compter, arithmétique pratique.
Nombre abondant : Entier naturel strictement inférieur à la somme de ses parties propres. 12 est abondant.
Nombre algébrique : Nombre qui est solution d'une équation polynomiale à coefficients rationnels.
Nombres amiables : Couple d'entiers naturels dont la somme des parties propres de l'un est égale à l'autre. Par exemple, 220 et 284 sont amiables.
Nombre irrationnel : Nombre réel qui n'est pas rationnel. C'est-à-dire qui n'est pas le rapport de deux entiers.
Nombre déficient : Entier naturel dont la somme des diviseurs est strictement inférieure à la somme de ses parties propres. 10 est déficient.

Nombre d'or : Nombre réel F, dont l'écriture décimale est 1, 618O33...
Nombre de Mersenne : Le *n-ième* nombre de Mersenne, M_n est un entier de la forme $2^n - 1$. Par exemple : $M_3 = 7$.
Nombre parfait : Entier naturel égal à la somme de ses diviseurs propres. Par ex. 6 est parfait.
Nombre premier : Entier naturel qui n'est divisible que par 1 et par lui-même.
Nombre transcendant : Nombre complexe qui n'est pas algébrique. Par ex. π est transcendant.
Nombres complexes : Nombre de la forme $a + ib$, a et b étant des nombres réels. La réunion des rationnels et des irrationnels forme l'ensemble des nombres réels, noté $\mathbb{R}$.
Nombres premiers jumeaux : Couple de nombres premiers dont la différence est 2. Par exemple 17 et 19.
Nombres rationnels : Les fractions a/b, a et b étant des entiers relatifs et b différent de 0, forment l'ensemble des nombres rationnels $\mathbb{Q}$.
Nombres triangulaires : Entiers naturels de la forme $n(n+1)/2$, n étant un naturel. Par ex. 6.
Numération : façon d'écrire les nombres (numération écrite); façon de les énoncer (numération parlée)… Littré : «manière de rendre sensible la notion abstraite de nombre et d'en conserver la mémoire.Système permettant d'écrire et de nommer les divers nombres.»
Partie (ou diviseur) propre : Diviseur du nombre autre que lui-même.

CHRONOLOGIE

- 30 000	Présence d'entailles numériques.
- 8000	Apparition des *calculi* en Mésopotamie et dans d'autres lieux du Moyen Orient.
- 3300	Premiers chiffres à Sumer et en Élam. Première numération écrite.
- 2700	Chiffres sumériens cunéiformes.
- 2000	Apparition de la base décimale.
- 1800	Numération babylonienne savante. Première numération de position.
- 1300	Apparition des chiffres chinois.
- VIᵉ s.	Découverte des valeurs *irrationnelles*. Pythagore.
- IVᵉ s.	Première crise du concept d'*infini*. Aristote.
- 300	Numération alphabétique grecque.

- IIIᵉ s.	Apparition du premier zéro de l'histoire dans la numération savante babylonienne. L'idée de *limite* est formulée pour la première fois. Archimède.
- IIᵉ s.	Numération de position chinoise sans zéro. Apparition des neuf chiffres brâhmis qui deviendront les chiffres indiens.
Premiers siècles apr. J.-C. Les nombres négatifs.	
IVᵉ/Vᵉ s.	Numération de position indienne. Numération décimale, avec zéro.
Vᵉ/IXᵉ s.	Numération de position maya avec un zéro.
fin VIIIᵉ s.	Arrivée du calcul indien à Bagdad.
début IXᵉ s.	Al Khuwarizmi sur le calcul indien.

Xᵉ s.	Chiffre *ghubar* dans le Maghreb et dans la péninsule ibérique. Ces chiffres, dont la graphie est différente des chiffres hindis en usage dans le Moyen Orient arabe, sont les ancêtres des chiffres en usage aujourd'hui en Occident.		mathématique est formulé pour la première fois. Pascal.
		v. 1677	L'invention du *calcul infinitésimal*. Newton. Leibniz. Premier emploi systématique des *séries infinies*. Newton. Leibniz.
XII/XIIIᵉ s.	Présence du zéro de la numération indienne en Occident.		
XII/XVᵉ s.	Époque où les chiffres «arabes» se stabilisent graphiquement en Europe occidentale pour donner naissance à la forme définitive qu'ils ont actuellement.	**1797**	Découverte d'une interprétation géométrique des *nombres complexes*. Gauss.
		1820	On formule pour la première fois la *puissance* d'un agrégat. Bolzano.
		1825	Découverte des nombres *algébriques*, ne pouvant pas s'exprimer par des radicaux. Abel.
XIIIᵉ s.	Premier usage d'une *suite*. Fibonacci.		
XV/XVIᵉ s.	Avec l'usage de l'imprimerie, les chiffres indo-arabes acquièrent leur graphie définitive. L'algorisme, ou calcul écrit utilisant la numération de position avec un zéro, s'impose en Occident.	**1843**	Invention des *quaternions*. Hamilton.
		1844	Découverte des nombres transcendants. Liouville.
		1844	Première théorie des *grandeurs extensibles*. Grassmann.
XVIᵉ s.	Premier emploi systématique des *fractions continues*. Bombelli. Cardan et Bombelli formulent pour la première fois les *nombres complexes*.	**1867**	On formule explicitement pour la première fois le principe de *permanence* des lois formelles. Hankel.
fin XVIᵉ s.	Invention de la *notation littérale*. Viète.	**1872**	Première théorie scientifique des valeurs *irrationnelles*. Dedekind.
1635	*Les valeurs infinitésimales*. Cavalieri	**1883**	Deuxième théorie scientifique des valeurs *irrationnelles*. Cantor.
1638	On formule pour la première fois l'*agrégat infini*. Galilée.	**1883**	Invention du *transfini*. Cantor.
1639	Invention de la géométrie analytique. Descartes.	**1897**	Découverte des *antinomies* de la théorie des agrégats. Burali-Forti.
1654	Le principe de l'induction	**1996**	Démonstration de la conjecture de Fermat. Wiles.

BIBLIOGRAPHIE

- Badiou, A., *Le Nombre et les nombres*, Seuil, Paris, 1990.
- Beaujouan, G., *Par raison de nombres. L'art du calcul et les savoirs scientifiques médiévaux*, 1991.
- Beneze, G., *Le Nombre dans les sciences expérimentales*, PUF, Paris, 1961.
- Charrand, N., *Infini et inconscient*, Anthropos, Paris, 1994.
- Crump, T., *Anthropologie des nombres,*. Le Seuil, Paris, 1995
- Cuisenaire, G. et Gattegno C., *Les Nombres en couleur*. Delachaux et Niestlé, Paris,1955.
- Dantzig, T., *Le Nombre, langage de la science*, Blanchard, Paris, 1974.
- Darriulat, J., *L'Arithmétique de la grâce*. Les Belles Lettres, Paris, 1994.
- Frege, G. *Les Lois de base de l'arithmétique*, 1893.

- Guitel, G., *Histoire comparée des numérations écrites*, Flammarion, 1975.
- Hogben, L., *L'Univers des nombres*, Paris, Pont-Royal, 1962.
- Ifrah, G.*Histoire universelle des chiffres*, Laffont, Paris,1981, rééd Bouquins, 1995.
- Itard, J., *Arithmétique et théorie des nombres*, PUF, «Que sais-je?»,1967.
- Le-Lionnais, F., *Les Nombres remarquables*, Hermann, 1983.
- Levy, T., *Figures de l'infini. Les mathématiques au miroir des cultures*, Le Seuil, Paris, 1987. Massignon, L. et Yousehkevitch, A. P. «La science arabe» in *Histoire générale des sciences*, tome 1, PUF, 1966.
- Michelot, A, *La Notion du zéro chez l'enfant*, Vrin, Paris, édité avec le concours du CNRS, 1966.

- Neveux, M. et Huntley, H. E., *Le Nombre d'or,*. Le Seuil, «Points Science», Paris, 1996.
- Pascal, D., *Le Problème du zéro. L'Economie de l'échec dans la classe et la production de l'erreur,* Aix-Marseille, 1980.
- Piaget J., *Logique et connaissance scientifique,* Gallimard, Paris, 1967.
- Piaget J., *L'Introduction à l'épistémologie génétique.- La Pensée mathématique,* PUF, tome 1, 1973.
- Piaget, J. et Szeminska, A,. *La Genèse du nombre chez l'enfant,* Neuchâteau, Paris, 1941.
- Pise, L. D., *Le Livre des nombres carrés,* Desclée de Brouwer, Bruges, 1952.
- Plotin, *Traité sur les nombres.*
- Rashed, R., *Arithmétique de Diophante,* Les Belles Lettres, Paris, 1984.

- Regnault, J., *Les Calculateurs prodiges,* Payot, Paris, 1952.
- Warusfeld, A., *Les Nombres et leurs mystères,* Le Seuil, Paris, 1961.
- *Mathématiques en Méditerranée,* Edisud, Marseille, 1988.
- Wells D, *Dictionnaire Penguin des nombres curieux,* Eyrolles, 1995.

Revues

- «Les nombres», hors série *Science et vie Junior,* octobre 1996.
- «Les nombres», numéro spécial, *La Recherche,* août 1995.
- «Comptes et légendes», *Courrier de l'Unesco,* novembre 1995.

TABLE DES ILLUSTRATIONS

COUVERTURE

1er plat Les nombres anthropomorphes, gravure XIXe siècle.
2e plat Classe de mathématiques en Afghanistan, photographie.
Dos Calcul digital, détail d'une gravure in *De Numeris,* IXe siècle. Bibliothèque nationale, Lisbonne.

OUVERTURE

1-9 fond «Les puissances de dix», photographies.
1-9 Les chiffres de un à neuf.
11 Les dix chiffres de la numération indienne.

CHAPITRE I

12 Scène de troc, détail de la fresque *La Grande Tenochtitlan,* Diego Rivera, 1945. Palais national, Mexico.

13 Empreintes de mains.
14-15 *Dix fois Liz Taylor,* huile et laque sur toile, Andy Warhol, 1963. Musée national d'Art Moderne, Paris.
16 Bois de renne entaillé, Les Eyzies, Aurignacien. Musée des antiquités nationales, St-Germain-en-Laye.
17 Calcul digital : figures du comput manuel, miniature dans un manuscrit de Bède, Xe siècle. Bibliothèque. nationale de France, Paris.
18 Comput digital, XVe siècle, in ms N.A.L. 1090, BNF, Paris.
19 h&b Système de numérotation Massaï, photographies de Dieter Appelt, 1977.
20 Le nombre comme travail d'abstraction, dessin de Vincent Lever.

21La main radiale, dessin de Vincent Lever.
22-23 M. von der Osten avec son cheval Hans sachant compter, photographie, 1904.
23 Un chimpanzé apprenant à compter, photographie.

CHAPITRE II

24 Mur d'une construction de Thoutmosis III à Karnak (Egypte) sur lequel figure le système décimal, photographie.
25 Personnage avec vêtement «chiffré», image de propagande pour la loterie royale, XIXe siècle. Musée municipal, Madrid.
26-27 Apprentissage du boulier en Afghanistan, photographie.
27 Versement du tribut, détail du vase de Darius, cratère à figures rouges,

IVe siècle. Musée national, Naples.
28 *Quipu,* gravure in *Histoire des Incas* par Guaman Pona.
28-29 Bulle-enveloppe et *calculi,* argile crue, Suse, vers 3300 av. J.-C., musée du Louvre, Paris.
30-31 Ramassage et compte du blé, détail d'une fresque de la tombe de Menna, Vallée des Nobles, Thèbes, Egypte.
31 Titre du livre de Raymond Queneau *Cent mille milliards de poèmes.*
32 Tablette de comptabilité datée du règne d'Ementarzi, prince de Lagash, vers 2400 av. J.-C., musée du Louvre, Paris.
32-33 Dignitaires et scribes face au roi, relevé d'une peinture murale du palais Assyrie, Till Barsip, musée du Louvre, Paris.

33 Symboles numériques babyloniens.

34-35 *La princesse prend son repas funéraire*, stèle de la princesse Nefertyabet prov. Giza, calcaire peint, Ancien Empire, 2600 av. J.-C., musée du Louvre, Paris.

35 1996 en hiéroglyphes égyptiens.

36h Chiffres romains.

36m Chiffres arabes.

36b Chiffres indo-arabes.

37 Miniature in *La vie de l'Enfant Jésus*, ms de Pseudo Matthieu, Italie, XIIIe siècle, BNF, Paris.

38 Tribut de villes aztèques, miniatures in *Codex Mendoza*, XVIe siècle, Bodleian Library, Oxford.

39 Les 19 premiers nombres mayas.

40-41 Fragments du codex de Dresde in *Vue des Cordillères* Humbolt, 1810.

42-43 Chiffres romains.

43 Calendrier gaulois de Coligny gravé sur bronze, détail d'un fragment, fin Ier siècle, musée de la civilisation gallo-romaine, Lyon.

CHAPITRE III

44 Portrait de mathématicien, détail d'une peinture de Bartel Beham, XVIe siècle, Kunsthistorishes museum, Vienne.

45 Portrait de mathématicien, peinture de Bartel Beham, XVIe siècle, Kunsthistorishes

museum, Vienne.

46 Division de Galley, dessin in *Opus Arithmetica D. Honorati veneti monachj coenobij S. Lauretij*, XVIe siècle, ms Plimpton 227, Columbia University, New York.

47 Miniature *in* ms Plimpton 184, Sacrobosco, vers 1442, Columbia University, New York.

48 La numération de position, dessin de Vincent Lever.

48-49 «Tetraktys», photographie de Rimma Gerlovina et Valeriy Gerlovin, 1989.

49 Gravure in *L'Art d'écrire de Paillasson*, XVIIIe siècle.

50m de haut en bas : chiffres nagari ancien de 1 à 0; chiffres sanscrits de 1 à 0; chiffres indhou ancien.

50b Fragment du ms Bakshali, très probablement du XIIe siècle, Bodleian Library, Oxford.

50-51 Evolution des chiffres arabes.

51 Chiffres arabes.

52 *Incipit* du ms *Carmen de Algorismo* de Alexandre de Villedieu, XIIIe siècle, Hessiche Landesbibliothek, Darmstadt.

52-53 *Margarita Philosophica*, Reisch, 1504, gravure sur bois, BNF, Paris.

54 Cadran solaire et compas, 1453. British museum, Londres.

54-55 Tablette de

multiplication grecque, début ère chrétienne, British Library, Londres.

56m Chiffres chinois.

56b Abaque russe, photographie.

57 L'arithmétique, tapisserie début XVIe siècle, musée de Cluny, Paris.

58h *Portrait de Leibniz*, peinture XVIIIe siècle, Niedersachsisches landesmuseum, Hanovre.

58b Projet de médaille représentant le système binaire, dessiné par Leibniz, 1697.

58-59 *Bistabite*, 1990, œuvre de Miguel Chevalier sur le système binaire, coll. Marcel Katz.

CHAPITRE IV

60 *Le Petit Mathématicien*, jeu de mathématiques, vers 1880, musée national de l'Education, Rouen.

61 *Une solution difficile*, pastel de Jean Geoffroy, 1888, musée national de l'Education, Rouen.

62 *Euclide*, 1945, peinture de Max Ernst, Menil Foundation, Houston.

62-63 Table de multiplication triangulaire dessin à la plume in *Cahier d'arithmétique*, J.-J. Chaffard, 1793, musée national de l'Education, Rouen.

63 Table de division, *idem*.

64 La roulette au

casino, photographie, 1994.

65 *J'ai vu le chiffre 5 en or*, 1928, peinture de Charles Demuth, Metropolitan Museum, New York.

66-67h *Le 17*, aquarelle de Paul Klee, 1923, Kunstmuseum Bâle.

66-67b Oblitérations postales pour la découverte du 23e nombre de Mersenne en 1963.

68-69 Chiffres dessinés par Erté, © Sevenarts Ltd, Londres.

70h Horloge au musée du CNAM, Paris, photographie, 1991.

70-71 Frontispice de la *Cosmographia* d'Apianus, 1529, gravure, détail.

72h et bas Carré magique, détail de la gravure *La mélancolie*, Albert Dürer, 1514, BNF Paris.

73 Frontispice *Les nombres amiables*, traité de Thabit Ibn Qurra, ms Aya Sofya 4830, Istanbul.

74-75 *L'Arithmétique*, dessin plume et crayons de couleurs de Roland Topor, 1978.

76 *Pierre Fermat*, portrait (détail) peinture attribuée à Rolland Lefèvre, XVIIe siècle, musée d'Art et d'histoire, Narbonne.

76-77 Première page de *Miscellanea mathematica*, Fermat, XVIIe siècle, bibl. mun., Toulouse.

77 Andrew Wiles, photographie, 1993.

CHAPITRE V

78 Détail de la couverture Les Nombres remarquables, François Le Lionnais, Hermann, Paris.
79 La racine carrée selon Descartes, gravure.
80m De la soustraction, l'Arithmétique par les jetons, gravure.
80b Marchand hindou faisant ses comptes, Ajmer, Rajasthan, photographie.
81 Notation du signe -in The Whetstone of Witte, Robert Recorde, 1557.
82h Fractions égyptiennes, dessin de Vincent Lever.
82m&b Fragments du papyrus Rhind, 1600 av. J.-C., British Museum, Londres.
83 Nombres figurés : triangulaires, carrés, pentagonaux in De Arithmetica ms de Boèce, BNF, Paris.
84h Théorème de Pythagore en grec, Éléments d'Euclide, livre XIII, BNF, Paris.
84b Buste de Pythagore, bronze, copie romaine d'un original grec du IVᵉ siècle av. J.-C., Musée national, Naples.
85 Triangle rectangle, dessin de Vincent Lever.
86-87 Partitions
88 Page du Miftâh al-hisâb (La clé du calcul), Jamshîd Ibn Mas'ûd al-Kashi.
88-89 Page de La Disme, Simon Stevin, 1585.
89 Le Triparty en la science des nombres, Nicolas Chuquet, ms fr, 1484, BNF, Paris.
90 La droite réelle, dessin de Vincent Lever.
91 Projet d'affiche pour la pièce La machine à calculer peinture de Paul Colin, 1925, coll. part.
92 Quite square peinture de Brau, coll. part., Paris.
92-93 Portrait du mathématicien Fra Luca Pacioli , J. Bari, musée de Capodimonte, Naples.
94-95 La descente de croix, peinture de Rogier van der Weyden, vers 1436, musée du Prado, Madrid.
96 Nombres imaginaires, peinture de Yves Tanguy, 1954, collection Thyssen-Bornemisza, Madrid.
97 Le plan complexe, dessin de Vincent Lever.
98 Les différents ensembles de nombres, de N à C, dessin de Vincent Lever.
99h Evariste Galois, mathématicien, dessin par son frère Alfred, 1848.
99b Allégorie de la rencontre du connu et de l'inconnu, dessin de Saul Steinberg.
100-101 La mort d'Archimède, peinture de Thomas Degeorge, XIXᵉ siècle, musée des Beaux Arts, Clermont-Ferrand.
101 Les décimales de Pi.
102 «Les mathématiques», projet de costume par Paul Colin pour L'Enfant et les Sortilèges de Maurice Ravel, bibl. de l'Opéra, Paris.
103h Frontispice de l'Histoire des recherches sur la quadrature du cercle, Montucla, 1754.
103b Quadrature du cercle par Archimède, gravure.

CHAPITRE VI

104 Chiffre 0, 1959, peinture de Jasper Johns, coll. part.
105 Couverture de Le zéro et l'infini de Arthur Koestler, première édition en livre de poche en 1959.
106 Chiffre I, dessin de Erté, © Svenarts Ltd, Londres.
107 Sans titre, peinture de Gonzalès Bravo. Galerie Got, Paris
108m Le zéro, chiffre anthropomorphe, gravure, Milan, XIXᵉ siècle.
108b La Pharmacie, détail d'une peinture murale, Castello Issogne.
109 Binaire 3 D, 1989, œuvre de Miguel Chevalier.
110-111 Cadran solaire équatorial de 3 mètres de diamètre, en grès rouge et marbre blanc, Jantar Mantar à Jaïpur, photographie.
111 Diverses formes du zéro maya figurant dans les Codices, d'après C.P. Bowditch.
112-113 Aristote et Platon, détail de L'Ecole d'Athènes, fresque de la chambre de la signature, par Raphaël, 1483-1520, Vatican.
113 Système solaire construit à partir des modèles d'Eudoxe et d'Aristote, gravure.
114-115 Limite circulaire IV (le ciel et l'enfer), dessin de M.C. Escher, 1960, Gemeentemuseum den Haag, Holland.
115 Nature morte de chiffres de différentes tailles.
116 Georg Cantor à l'université de Halle, 1894, photographie, BNF, Paris.
117 Richard Dedekind, portrait.
118-119 Poèmes visibles dessins de Max Ernst in Le Minotaure entre 1934-1936.
120-121 Quasar.
120 Aleph zéro s'écrit au moyen de la première lettre de l'alphabet hébreu.
121 Cantor en équilibre sur un aleph; représenté par Dieu sur son nuage, et Kronecker, qui a durement critiqué les théories de Cantor sur l'infini, dessin de Barbe.

CHAPITRE VII

122 Spirale binaire, œuvre de Miguel

Chevalier, 1990.
123 *La Déclaration d'impôts*, dessin de Siné.
124 *L'Esprit de notre temps* (Tête mécanique), 1919-1920, Raoul Hausmann, musée national d'art moderne, Paris.
125 *La tempérance*, gravure de Pierre Brueghel, BNF, Paris.
126 Carte d'assuré social.
126-127 Page boursière du *Monde*, octobre 1996.
127 Carte bleue.
128 *Sans titre*, peinture de Gonzalès Bravo, galerie Got, Paris.

TÉMOIGNAGES ET DOCUMENTS

129 Le calcul digital, gravure XVe siècle.
132 Portrait d'Archimède, gravure.
134 Portrait de Platon, gravure.
135 Allégorie de l'Arithmétique, détail.
139 Détail d'une partition.
140 Pythagore, bois gravé, XVIe siècle.
144 Bas-relief grec métrologique, Bodleian Library, Oxford.
146 Usage des nouvelles mesures, gravure mise en couleurs vers 1796.
147 Petit décadaire d'instruction publique, période révolutionnaire.
148 Portrait d'Henri Poincaré, photographie.
153 Georg Cantor et sa femme vers 1880, photographie.
158 Un professeur et son élève utilisant des bouliers au Japon au début du siècle, photographie.
162 Un jeune enfant, photographie.
163 Alphabet scolaire, gravure début du siècle.
165 Graphe de *Cent mille Millards de poèmes*, Raymond Queneau.
167 Denis Guedj jouant sa pièce *1001 nombres et des poussières*.

INDEX

A

Abaque 27, 28, 53, 54, 56.
Abel, Niels 99.
Addition 49, 63, 64, 97, 109.
Al-Fârâbî 89.
Al-Kashi 88, 88.
Al-Khuwârizmî, Muhammad ibn Mûsâ 46, 52, 90.
Al-Mansour 52.
Al-Uqlidsi 88.
Algèbre 79, 81, 90.
Algorisme, - riste 47, 52, 53, 54.
Algorismus *voir* Al-Khuwârizmî.
Anaxagore de Clazomènes 112.
Angles 70, 71, 71, 103.
Animaux (capacités numériques) 22, 22.
Arabes 34, 49, 51, 52, 53, 54, 54, 55, 80, 81, 86, 88, 90.
Archimède 55, 100, 100.

Arénaire, Archimède 55.
Argand, Robert 97.
Aristote 112, 115.
Arithmétique 33, 53, 55, 57, 61, 63, 74, 79, 106, 109, 121.
Aryabhatta 100.
Aztèque 39.

B

Babylone 57, 80, 82, 84, 109.
Bach, Jean-Sébastien 87.
Badiou, Alain 125.
Bagdad 52, 90.
Bakshali 50.
Base 29, 37-39, 56, 58, 63, 108; base 10 : 48, 56, 58, 108; base 20 : 57, 110; base 60 : 58.
Boèce 83.
Bombelli, Raffaele 97.
Boulier 27, 28.
Brahmagupta 81.
Brau, Jean-Louis 92.
Brown, Health 77.

C

Cadran solaire 54.
Calcul digital 19, 19, *Calculi* 28, 29, 29.
Cantor, Georg 105, 115, 115, 116, 116, 117, 117, 120, 121.
Cardan, Jerôme 90, 96, 97.
Cardinal 21, 21-22, 32.
Carmen de Algorismo («Poésie sur l'algorisme») 52, 53, 53.
Carré (puissance) 97, - négatif 91, 92.
Carré 83, 84, 84, 85, 90.
Cent mille milliards de poèmes (R. Queneau) 31.
Cercle 71, 83, 90, 99, 103.
Chiffre (définition) 34;
Chiffres arabes 47; - indiens 51, 51; - du ghobar 51, 54.
Chine, Chinois 30, 39, 57, 58, 100.
Chuquet, Nicolas 90.

Codex de Dresde 39; - Mendoza 39.
Colin, Paul 91, 102.
Conjecture 75, 75; - de Fermat 76, 77.
Continu 120.
Correspondance bi-univoque 116, 117, 120, 121.
Cosinus 71.
Cotangente 71.
Couperin, Louis 87.

D

Darius 27, 28.
Décomposition en facteurs premiers 66.
Dedekind, Richard 115, 116, 117, 117, 124.
Degeorge, Thomas 100.
Démocrite 112.
Demuth, Charles 64.
Dénombrable 117, 120.
Dénominateur 82, 87, 88.
Descartes 81.
Diophante 90.
Direction 90, 98.

Discret *voir*
Dénombrable.
Divisibilité 63, 64, 66,
70, 71, 72.
Division *46, 61,* 62, 64,
80, 90, 109;
- euclidienne *63.*
Dix 71.
Douze 71.
Dürer *72.*

E

Egypte *30,* 34, *35,* 39,
80, 82, *82, 95.*
Eléments (Euclide) *63,*
106.
Epicure 112.
Equation *81,* 90-91, 97,
99, 97; - polynomiale
98.
Ernst, Max *63.*
Erté *106.*
Espagne *51,* 54.
Ethiopie 39.
Euclide *63, 84, 103,*
106.
Euler, Leonhard 74, 77,
97.
Exposant *49.*

F

Fermat, Pierre 76, 77,
77.
Fraction 22, 32, 62, 71,
82, *88,* 100, 110, 117.

G

Galois, Evariste *99.*
Gauss, Karl Friedrich
61, 97.
Géométrie *93.*
Goldbach, Christian
74.
Grandeurs
géométriques 83, 84,
85, 86, 98, 112.
Grèce, Grecs 34, 39, 80,
81, *84, 84,* 85, *90, 95,
103,* 106, 112.
Guitel, Geneviève 39.

H – I

Hébreux 34, 39, *55.*
Hensel, Kurt 99.
Hilbert, David 121.

*Histoire universelle des
chiffres* 19.
Ifrah, Georges 19, 39,
56, *110.*
Inca *28,* 28
Inde 39, 48, *50,* 51, *51,*
54, 80, *80,* 81, *81,* 100,
105, 109, 110, *110.*
Infini 112-121, *114, 115,
116, 117, 121;*
- en acte 112, 114;
- en puissance 112,
114;
- réalisé 115, 117.
Isou, Isidore *92.*

J – K

Johns, Jasper *105.*
Khayyâm, Omar 89.
*Kitab al jabr i al
muqabala* (Al-
Khuwârizmî) *90.*
Klee, Paul 67.
Kronecker, Leopold
124.

L

L'Algorisme commun
(Sacrobosco) *47.*
La Disme (S. Stevin)
88, *90.*
Lambert, Heinrich
102.
Laon, Raoul de 53.
Le Corbusier *95.*
Leibniz 58, *59,* 92, 97,
101.
Lindemann, von 102.
*Livre de l'addition et
de la soustraction
d'après le calcul des
Indiens* (Al-
Khuwârizmî) 52.
Lokavibhaga («Les
parties de l'Univers»)
51.
Lucrèce 112.

M

Maghreb *51,* 54, *64.*
Mayas 34, 39, *39,* 57,
109, 110, *111.*
Mersenne, Marin *67.*
Mésopotamie 29, *32,*
33.

Miftah al-hisab (Al-
Kashi) 88.
Montucla *103.*
Multiplication 32, *49,
61,* 63, *63,* 64, *80,* 97,
109.
Musique *87.*

N

Nombre amiable 72,
73.
Nombre d'or *95.*
Nombre abondant 71;
- déficient 71, - parfait
71.
Nombres impairs
63-64.
Nombres pairs 63-64.
Nombres complexes
92, 97, *97,* 98, 99;
- transcendants 98;
Nombres décimaux 88.
Nombres entiers
relatifs 81.
Nombres rationnels
82.
Nombres entiers
négatifs 91, 96.
Nombres irrationnels
85, *85,* 89, 91.
Nombres négatifs 62,
80-81.
Nombres p-adiques
99.
Nombres premiers 64-
70, *67,*
- jumeaux 67, 70.
Nombres rationnels 85,
88, 89, 90, 99, 117.
Nombres réels 89-90,
92, 96, 98, 120.
Numération additive
39, 42-43; - binaire 58-
59, *59;* - écrite 27, 34,
35; - figurée 27, 46;
- hybride 42-43;
- indienne de position
26, 30, 45-59;
- parlée 27.

O

Ordinal *21,* 21-22,
32.
Ordinateur 58, 59,
67.

P

Paccioli, Luca *93.*
Paléolithique 16, *16.*
Papyrus de Rhind *82,*
100.
Perse *27,* 28, 88.
Philolaos 125.
Pi 90, 99-101.
Piaget, Jean 106.
Planche à poussière
28, 55, 56.
Platon 126.
Principe de position
45, 48, 108.
Pythagore 54, 72, 82,
83, 84, *84.*
Pythagoriciens 64, 81,
82, *83,* 84.

Q

Quadrature du cercle
102-103,*102.*
Quaternions 99.
Quaternaire 106.
Queneau, Raymond
31.
Quipu 28, 28.

R

Racine carrée 91;
- imaginaire 92, 97;
- négative *96.*
Recorde, Robert *81.*
Rome 39, 43.

S

Sacrobosco *47,* 47.
Saint-Exupéry,
Antoine de 126.
Samarcande 88.
Scribes *30, 33, 35,* 84,
100, 109.
Signes *80, 81,* 90;
règle de base -*80,* 81.
Singleton *15.*
Sinus *71.*
Soixante 70-71.
Soustraction 90, 108,
109.
Stevin, Simon 88, *90.*
Succession 38, 63;
- naturelle 19-21, 32.
Sumer 29, 33, 34, 39,
58.
Summa arithmetica

(L. Paccioli) *93*.
Sunya 51, 110.
Système métrique décimal 56, 71.

T

Table à compter 28, 56;
- numérique *33*.
Tangente *71*.
Tanguy, Yves *96*.
Tartaglia *90*.
Thabit ibn Qurra *73*.
Théorème 74, 77;
- de Fermat 77, 99;

- de Pythagore 83-84, 85;
grand Théorème de l'algèbre 98-99.
Torres, détroit de 58.
Traité des sections angulaires (Viète) *71*.
Transfinis 120.
Triangle *84*.
Trigonométrie *71*.
Trillion 32.
Triparty en la science des nombres (Nicolas Chuquet) *90*.

U

Un *105*, 106, *106*.

V

Vecteur 97.
Viète *71*.
Villedieu, Alexandre de *53*.
Virgule 88, *88*.

W

Wallis, John 81, 100.
Wessel, Caspar 97.

Wiles, Andrew 77, *77*.
Wittgenstein, Ludwig *13*.

Z

Zéro 26, 45, 46-48, *50*, 51, 53, *53*, 54, 58, *59*, 80, 81, *81*, 105-112, *105*, *108*, *110*, *111*.

CRÉDITS PHOTOGRAPHIQUES

© ADAGP, Paris, 1996 14-15, 62, 66-67h, 87, 91, 96, 102, 104, 118, 119. Agence Vu, Paris Arnaud Legrai 64. AKG, Paris 117. Dieter Appelt, Berlin 19. Archives Gallimard couv. Ier plat. 28, 40-41, 139, 140, 146. Artephot, Paris Oronoz 25/Fabbri 27. Barbe, Paris 121. Alain Bedos 167. Bibl. municipale, Toulouse 76-77. Bibl. nat. de France, Paris 17, 18, 37, 52-53, 72, 83, 84h, 89, 129. B.P.K., Berlin 22-23. Bodleian Library, Oxford 38, 50b. British Library, Londres 54-55. British museum, Londres 54, 82m & b. Bulloz, Paris 125. Charmet, Paris 102, 105, 116. Miguel Chevalier, Paris 58-59, 109, 122. Collection particulière, Paris 92. Columbia university, New York 46, 47. © Cordon Art, 1996, Baarn 114-115. Cosmos, Paris S.P.L./prof. P. Goddard 77. Dagli Orti, Paris couv. dos, 12, 30-31, 34-35, 43, 92-93, 112-113. D.R. 13, 31, 36, 42-43, 49, 50m, 50-51, 51, 56m , 66-67b, 70-71, 80m 81, 87, 108m, 101, 103, 111, 113, 120, 126, 127, 144, 153, 158. Flammarion-Giraudon, Vanves 58h, 135. Fotogram-Stone Images, Paris 115. Alex Funke 1-9. Rimma Gerlovina et Valeriy Gerlovin 48-49. Galerie Got, Paris 107, 128. Giraudon, Vanves 64-65. Hermann, Paris 78. Hessische Landesbibliothek, Darmstadt, 52. INRP musée national de l'Education, Rouen. 60, 61, 62-63, 63, 147, 163. Jacana, Paris 23. Kunsthistorishes museum, Vienne 44, 45. Kunstmuseum Bâle.66-67h. Lauros-Giraudon, Vanves 62, 76. Lotos Film Thiem, Kaufbeuren 24. Métis, Paris Pascal Dolémieux 70. Metropolitan museum, New York. 65. Roland & Sabrina Michaud, Paris couv. 2e plat, 80b, 110-111. MNAM, Paris 14-15, 107, 124. Pace-Wildenstein 99b. Pedicini, Naples 84b. Rapho, Paris Roland Michaud 26-27/Paolo Koch 56b. Rashed, Paris 73, 88. RMN Paris 16, 28-29, 32,33,57. Roger Viollet, Paris 99h, 100-101, 132, 134, 148. Scala, Florence 108b. Alain Schall, Paris 10. © Sevenarts Ltd, Londres. 68, 69, 106. Siné, Paris 123. Roland Topor, Paris 74-75.

ÉDITION ET FABRICATION

DÉCOUVERTES GALLIMARD
DIRECTION Pierre Marchand et Elisabeth de Farcy.
DIRECTION DE LA RÉDACTION Paule du Bouchet.GRAPHISME Alain Gouessant.
FABRICATION Violaine Grare. PROMOTION & PRESSE Valérie Tolstoï.
L'EMPIRE DES NOMBRES
EDITION Anne Lemaire.
MAQUETTE Vincent Lever (Corpus), Palimpseste (Témoignages et Documents).
ICONOGRAPHIE Maud Fischer-Osostowicz.
LECTURE-CORRECTION Pierre Granet et François Boisivon.
PHOTOGRAVURE Lithonova (Corpus), Arc en Ciel (Témoignages et Documents).

Table des matières

I   EXPRIMER LA QUANTITÉ

14   Le regard du nombre
16   Une chose, une marque
18   Le calcul digital
20   Ordre et succession
22   Du pic épeiche au chimpanzé

II   DES NOMBRES AUX CHIFFRES

26   Voir les nombres
28   Les cailloux du calcul
30   Dire les nombres
32   Ecrire les nombres
34   Lettres hébraïques et grenouilles
      égyptiennes
36   Au fondement des numérations :
      les bases
38   La somme et le rang
40   Le codex maya de Dresde
42   Pauvres Romains

**III   LA NUMÉRATION INDIENNE
         DE POSITION**

46   Marquer la place vide
48   «Faire avec peu beaucoup»
50   Dix figures pour tous les
      nombres
52   Anciens et modernes
54   Les chiffres indo-arabes
56   Une écriture calculatoire
58   Des suites de uns et de zéros

IV   LES ENTIERS NATURELS

62   L'arithmétique
64   Pair ou impair ?
66   Au commencement étaient
      les nombres premiers

68   Arcane 37
70   De 60 minutes à 90 degré
72   Perfection de l'amitié
74   Qu'est-ce qui fait une bo
      question ?
76   Et vint le théorème de Fe

V   L'EMPIRE S'ÉTEND

80   Les «moins que rien»
82   Le carré de l'hypoténuse
84   La crise des «inexprimab
86   Le sens de la mesure
88   Du discret au continu
90   La fabrique de nombres
92   I, comme imaginaire
94   La section dorée
96   De la droite réelle au plan c
98   Le grand théorème de l'a
100   3,14... et des poussières
102   Absurdes, rompus, impos

VI   LE ZÉRO ET LES INFINIS

106   Ce que la pluralité doit à
108   Les différents visages du
110   «Ce rien qui peut tout»
112   Aristote ou Lucrèce
114   L'infini réalisé
116   Cantor et Dedekind
118   La bijection selon Max E
120   Le discret et le continu

VII   L'IMPOSSIBLE DÉFINITI

124   Omniprésence ?...
126   ... ou dictature ?
129   *Témoignages et Documer*
168   Annexes